自分で自分を不幸にしない

「性的虐待」を受けた女性の語りから

井上寿美
笹倉千佳弘

はじめに

二〇二二（令和四）年九月、厚生労働省から二〇二一（令和三）年度の児童相談所による児童虐待相談対応件数（速報値）が公表されました。相談対応件数は二〇万七六五九件で、前年度よりも二六一五件増え、過去最多を更新しています。厚生労働省は、主な増加要因として、心理的虐待に係る相談対応件数の増加と、家族親戚、近隣知人、子ども本人などからの通告の増加を挙げています。

しかし二〇二〇（令和二）年に相談対応件数が初めて二〇万件を超えたことを考えると、相談対応件数の増加要因として、新型コロナウィルスの感染拡大による影響もあると考えられます。二〇二〇年一月に日本で最初の新型コロナウィルスの感染者が確認されました。その後、爆発的な感染拡大により、緊急事態宣言や蔓延防止等重点措置が繰り返し発令されることとなり、わたしたちの日常が一変しました。その中で保護者のストレスが子どもに向かうようになったことも増加要因としてあるのではないかと想像できます。

相談対応件数における児童虐待の内訳では、近年、心理的虐待の増加が顕著になっています。たとえば二〇二一年度の内訳は、身体的虐待が二三・七％、ネグレクトが十五・一％、性的虐待が一・一％、心理的虐待が六〇・一％です。それぞれの虐待が全体の中で占める割合を年ごとに見ていくと、かつて身体的虐待が心理的虐待を上回っていた時期もありましたが、性的虐待は一貫して少ない数字を示し続けています。相談対応件数は、児童相談所が相談を受け、援助方針会議の結果により指導や措置をおこなった件数だけを表していますので、いずれの虐待種別においても、これらの数字には表れていない、潜在化した虐待の実態があると考えられます。

その中でもとりわけ性的虐待は、実態と乖離《かいり》した数字になっているように思います。その理由はふたつあります。ひとつは、性的虐待は、施設や里親に措置後数年経ち、子どもにとって施設職員や里親が安心できる人であると思えるようになって初めて、その事実について語られることがしばしばあるからです。このような場合、当初の相談対応の時点では性的虐待としてカウントされていません。

もうひとつは、「児童虐待の防止等に関する法律」によると、「性的虐待とは、保護者（親権を行う者、未成年後見人その他の者で、児童を現に監護するもの）がその監護する児童」に対して「わいせつな行為をすること又は児童をしてわいせつな行為をさせること」と定義されています。このため、たとえば子どもの保護者と内縁関係にある人や、きょうだいや叔父・叔母などから性的な暴力を受けたとしても、加害の側が親権をおこなう者や、子どもを監護する者にあたらなければ、その暴力は性的虐待として扱われることがないからです。

この本は、性暴力の被害を受けたユウさん（仮名）という女性の語りにもとづいて執筆しています。法律に従えば、ユウさんは性的虐待の被害者ではありません。ユウさんに性暴力を加えたのは、母親と内縁関係にあった同居人男性でした。しかしこの本では、ユウさんを性的虐待の被害者として扱っています。なぜならユウさん自身が、母親の同居人男性を「継父」と認識しているからです。

わたしたちは語り手の主観的事実を重視しています。裁判の資料を作成しているわけではありませんので、法律にあてはめた厳密な理解よりも、語り手が「そのように思っている」という事実をあらゆる場面で重視しています。したがって、実際には不可能なことですが、仮にユウさんを一時保護した際に児童相談所で作成された資料を入手できたとしても、その資料と彼女の語りに齟齬《そご》がないかどうかを調べることはしません。

本の中ではユウさんの思いを尊重して、「継父」や「性的虐待」という言葉を用いました。その一方でユウさんの母親の呼称については、読み手にとってのわかりやすさを考えて、「お母さん」に統一しました。ユウさんは、いまも母親のことを「お母さん」と呼ばずに母親の名前で「ケイちゃん」と呼ぶことが多く、インタビューでは「お母さん」と「ケイちゃん」という呼称が混在していました。

この本は、ちょうど八年前の二〇一四（平成二六）年一一月一六日に初めてユウさんに出会ってから複数回にわたって聞かせてもらった語りがもとになっています。出版にあたりユウさんの了解を得たのはもちろんのことですが、さらに個人が特定されないよう登場人物はすべて仮名で表記し、語りの内容が損なわれない程度に手を加えました。登場人物の名前はすべてユウさんに決めてもらいました。

これまでユウさんの語りを分析して学会発表をおこなったり、論文を書いたりしてきました。その都度、ユウさんに内容の確認をお願いしてきましたが、それはユウさんにとって、時にはフラッシュバックが襲ってくることもあるつらい作業でした。それにもかかわらずユウさんがわたしたちに語り続けてくださったのは、自分の経験が誰かの励みになるかもしれないと考えておられるからです。このようなユウさんの思いを受けて、性的虐待や性暴力の被害経験のある当事者、また家族、友人、支援者などのさまざまな立場で当事者とともに歩んでおられる方々に読んでいただきたいと思っています。

PARTⅠでは、複数回に分けてユウさんからうかがった語りを時系列に並べかえて整理し、ユウさんのひとり語りのスタイルでライフストーリーを書いています。PARTⅡでは、ユウさんの語りの中から、お母さんとの関係にかかわる話を抜き出して整理し、ユウさんへのインタビューというスタイルで書いています。PARTⅢでは、ユウさんと母親の関係やユウさんの語りの特徴に注目して、語りから見えてきたことについて書いています。

二〇一八（平成三十）年に開催された日本子ども虐待防止学会で、ユウさんとお母さんの関係の変化について発表しました。発表後、参加者から「ユウさんを支えた人は誰ですか」という質問がありました。ユウさんの周りにいる人たちの顔をひとりひとり思い浮かべながら、「お姉さん、夫さん、娘さん、親友、施設の職員さん」というように答えると、さらに「カウンセラーや医療関係者はいなかったのですか」という追加の質問がありました。「施設にいた頃は心理の職員さんのかかわりもありましたが、退所後はとくにそのような専門職の方のかかわりはありません」と答えると、質問された人はとても驚いた様子でした。

学会終了後、さっそくユウさんにこの時の様子を報告すると、すぐさま「確かに行政や専門家の方たちの支援は大事だけど、理解し支えてもらいながらあたりまえに生きるということは、自分の周りにいる方たちの支援なしには成り立たないです」という返事が届きました。

身近な人たちに支えられながらあたりまえに生きてきたユウさんの半生を、読者の方々と一緒にたどっていきたいと思います。

二〇二二年一一月一六日

井上寿美　笹倉千佳弘

目　次

自分で自分を不幸にしない

「性的虐待」を受けた女性の語りから

PART I　自分を語る

第1章　子ども時代を思い出す

第2章　施設で暮らす

第3章　自分の家庭をもつ

第4章　娘たちと一緒に育つ

PART II　母を語る

PART Ⅲ 語りから見えてきたこと

第1章 ユウさんと母親の関係——親役割意識の変化をとおして

第2章 「その後に生きる者」の可能性——ユウさんの語りの特徴をとおして

PART I 自分を語る

第1章　子ども時代を思い出す

幼い頃のわたしの家族

わたしは五人きょうだいの末っ子として生まれました。お父さんの記憶はありません。たぶん、わたしの物心がついた頃にはお父さんはもう家にいなかったと思います。一回だけお父さんの写真を見たことがあったように思います。

わたしには二歳年上のアイ姉ちゃんがいます。お姉ちゃんも結婚していて子どもがひとりいます。いまはお姉ちゃんとよく話をしていますが、中学生の頃はお姉ちゃんと仲が悪くて、お互いの話をすることはめったにありませんでした。話をするようになってから、お姉ちゃんにお父さんのことを聞いたことがあります。でもお姉ちゃんは、「ユウちゃんは知らなくっていいよ。ユウちゃんの理想のまんまで思っていた方がいい。この世の中には知らなくてもいいこと、知らなかった方がいいことがあるから」と言いました。

その時はそうなのかなぁと思っていたのですが、わたしが子どもを産んで母親になった時に、どうしてもおじいちゃんのことを子どもに伝えたくて、ものすごくお父さんのことが知りたくなった時もありました。でも夫のカズキくんに相談したら、「ユウがお父さんに会ってみたいという気もちはわからなくもないし、俺だって会ってみたいよ。でも、お姉ちゃんがそう言うってことは、そういうことなんだよ。もしお父さんがユウに会いたいって本気で思っているなら、向こうから来るんじゃないか」って。それからはお父さんのことを知ろうとは思わなくなりました。長女のサキや次女のミズキには、「ママは会ったことがないんだけど、実はもうひとり、おじいちゃんがいるんだよ」って伝えてきました。

きょうだいは、お姉ちゃんの他に兄が三人います。わたしが生まれた時には、兄たちはいまで言うところの児童養護施設にいたので、兄たちと一緒に暮らした記憶はありません。だから、小学三年生になって「継父」が家にやってくるまで、わたしはお母さんの「ケイちゃん」とお姉ちゃんの三人家族でした。あとでお姉ちゃんから聞いた話ですが、三人の兄とお姉ちゃんはお父さんに会いに行ったことがあったみたいです。二番めのお兄ちゃんがお父さんに似ているらしいです。

おしゃべりなわたし

わたしには幼い頃の記憶がほとんどありません。だからこれもお姉ちゃんから聞いた話ですが、わたしはとにかくよくしゃべる子だったようです。「宿題の邪魔になるから黙ってちょうだい」ってお姉ちゃんが言いたくなるぐらいに、わたしは家の中でしゃべり続けていたそうです。そう言えばお姉ちゃんから九官鳥って呼ばれていたような、そんな記憶もあります。

家の中だけでなく家の外でもよくしゃべっていたみたいで、学校から帰ってきてランドセルを家に置くと、近所の商店街へ出かけて行って商店街のおじちゃんやおばちゃんとよくおしゃべりをしていたようです。近くにあったレンタルビデオ屋さんや電気屋さんのおじちゃんやおばちゃんたちとおしゃべりをしていたのだろうと思います。幼い頃に住んでいたアパートの二階に優しいおじちゃんがいて、雪が積もった日、そのおじちゃんと雪だるまを作って遊んだように思います。

思い出の中のきれいな母

お母さんは、昼間にパートの仕事をして夜に「お水」の仕事をしていて、ほとんど家にいませんでした。ダブルワークです。お母さんは、朝起きるとまず美容院に行って、髪の毛のセットとメイクを全部やってもらっていました。洋服ダンスには「お水」の人が着るようなきれいなセットスーツがずら～っと並んでいました。学校の参観日にもそのスーツを平気で着てくるし、黒の毛皮のコートを羽織ってやってくるような、きれいで目立つ人でした。お姉ちゃんはそれがすごく自慢だったようです。

学校の先生と不倫をしているとか、誰それさんのお父さんと不倫をしているとか、そんな噂もあったみたいです。「子どもにお金かけないで自分にお金をかけている」みたいなことも言われていたようです。でも周りの人が何を言っても、お母さんは、肝っ玉があるというか、「だからなんなの」みたいな感じで堂々としていたというか……。シングルマザーだったけれど、なんかそれなりにお母さんはお母さんで仕事に集中していたっていう感じです。

いま思えば、派手できれいなお母さんへの妬《ねた》みもあって、いろいろな噂話が飛び交っていたのではないかと思います。

お姉ちゃんは、お母さんをひとり占めしたかったけれど、自分は留守番を頼まれるのに、わたしだけがお出かけに連れて行ってもらえるので、ひとり占めできなかったと言います。幼い頃のことはほとんど覚えていませんが、そう言えばなんだか、お母さんが男の人と出かける時に、わたしだけが一緒に連れて行かれたような気がします。いつもずっと同じ男の人ではなかったので、それもあって「お母さんと一緒にいる男の人のいったいどれが本当のお父さんなの？」みたいなことを思っていたような気がします。小学生になってからですが、「わたしのお父さん知りませんか？」って書いたプラカードを首にぶらさげて、商店街のアーケードの中を歩いて回ったことを覚えています。商店街のおじちゃんやおばちゃんに「おじちゃん、わたしのお父さん知らない？　おばちゃん、知らない？」って尋ねると、「見てない、見てない。最近、見てないなぁ」みたいな感じでした。だけど、このことがおばあちゃんに見つかってこっぴどく怒られたので、それからはやめました。

母に叱られた記憶

お姉ちゃんは、わたしがお母さんに甘え、わたしがお母さんから大事にされて、わたしとお母さんの仲がよかったことがうらやましかったと言います。でも、お母さんと仲よく過ごしていたという記憶がわたしの中からすっぽり抜けていて、お姉ちゃんの話を聞いて、それを本当のことだと信じて素直に納得するのは難しいです。

幼い頃のことはほとんど覚えていないのに、お母さんから厳しく叱られたふたつの出来事だけははっきりと覚えています。ひとつは、レンタルビデオ屋さんの店員さんがコーラの自動販売機から釣銭をジャラジャラ出していて、途中で何か用事ができたのか、お金をそのままにして少しの間その場からいなくなったんです。その時そこにあったお金を自分の洋服の両方のポケットにいっぱいつめこんで持ち帰ってしまったので、お母さんに厳しく叱られました。あとでお母さんに連れられてそのお店に行き、お金を返してお母さんと一緒に謝りました。

もうひとつは、お母さんが「熱いからダメ」といくら注意をしても、わたしにはストーブをさわる癖《くせ》があったみたいです。それである時、お母さんが私の手をつかんでストーブの上にジュッとやったので、ちょっとやけどになったことがあります。やけどの痕《あと》も残っていて、いまならこういうことは虐待だということはわかります。でも当時もいまも、わたし自身は全然、虐待されたとは思っていません。そのように思えるのは、お母さんの愛を感じていたからなのかもしれないです。

そう言えば、もうひとつ覚えていることがあります。物心がついた頃からずっと「お母さんは、ユウちゃんを産みたくて産みたくて、産んだんだよ」っていう話を聞かされてきました。お母さんがわたしを身ごもった時、おばあちゃんも親戚の人も、みんながわたしを産むことに反対したそうです。でもお母さんはどうしてもわたしを産みたいと言ったらしいです。このことはお姉ちゃんも覚えていて、お姉ちゃんはこの話を聞くたびにすごく腹が立っていたみたいです。お姉ちゃんが、自分は望まれて産まれてこなかったのかと思ってしまうぐらいに、お母さんはわたしに「望んで産んだ」ということをくり返し話していたようです。わたしはと言えば、お母さんだけに望まれたのであり、他のみんなからは望まれなかったんだと思っていました。

「継父」を招き入れたわたし

小学三年生の時です。「ただいま～」って学校から帰ってくると玄関に男の人の黒い靴がありました。ずっと「だれが本当のお父さんなんだろう？」って思いながら、当時は、いつかお父さんが帰ってくると信じていたので、この時「あっ、お父さんが帰ってきたんだ！」って嬉しくなりました。だからすぐに「お父さん、おかえりなさい！」って言いました。お父さんが帰ってきたんだから、もう絶対に離れたくないという思いで「帰らないで」とも言いました。まぁそれが……「継父」だったんです。お姉ちゃんは最初「だれ？ この人？」みたいな感じだったので、家に継父を招き入れたのはわたしなんです。

わたしはとにかくお父さんが帰ってきてくれたんだと嬉しくて、すぐ継父になつきました。そしてその日から継父はわたしたちと一緒に暮らすようになりました。最初の日は、ケーキなんかを買ってきて、お母さんとお姉ちゃんと継父とわたしの四人でワイワイやって、絵に描いたような幸せな家族の一日でした。

でももう次の日の朝には光景が一変しました。継父は、お母さんがちょっと気に入らないことをしているとお母さんを殴り、お姉ちゃんが言うことをきかないとお姉ちゃんを殴りました。でもなぜかわたしだけは殴られませんでした。こたつのテーブルの前であぐらをかいて座っている継父の膝の上に、なんだかいつも抱っこされていたような気がします。トイレに行きたくなった時に「トイレに行く」と言ったら、継父の膝の上から降りることができるけれど、それ以外はずっと膝の上に座らされていました。そうやってわたしが継父の言いなりになっていると、お母さんやお姉ちゃんに矛先《ほこさき》が向かないと思い、何を言われても、何をされてもずっと我慢していました。

継父は毎日、夜中の一時、二時までお酒を呑んでいました。そこにわたしたちみんながいないと機嫌が悪くなります。その場にいても眠くなってウトウトするとお箸がとんできました。お酒がなくなったらお酒を買いに行かされました。近くの自動販売機のお酒が売り切れになっていて、次の自販機を探して夜中に歩き回ったこともありました。

ある時、車の中でお母さんがわたしたちをかばうようなことを言って継父の逆鱗《げきりん》に触れ、逆上した継父が傘の先をお母さんの顔面に突き刺しました。お母さんが失明してしまうって怖くなるぐらいにお母さんの顔から血が流れていて、朝起きたら、お母さんは眼帯をしていました。車の中が暗かったので、その時、継父が実際に何をしていたのかはっきり覚えていませんが、継父は「ごめんな、ごめんな。俺はお前が嫌いでこんなことしたんじゃない」みたいなことを言いながら手当をしていたように思います。お母さんも、「わたしが悪かった」みたいなことを言っていました。幸い、目には刺さらなかったようですが、お母さんはその日も、それからあとも、病院に行っていないと思います。

「継父」から受けた「性的虐待」

時を経ずして継父から性的な行為を強要されるようになりました。最初は継父が言うことだからやらなくてはいけないみたいな感じだったのが、だんだんと他の子たちもみんなやっていることをわたしもあたりまえにやっていると思うようになり、そのうち何の違和感も抱かなくなっていきました。自分だけがこんな酷《ひど》いめにあっているという感覚がなくなっていくのです。

でも毎日、トイレに行って神様にお祈りをしていました。きょう一日は何事もなく無事に過ごせますようにって。でも結局、また夜中になると恐怖の時間が訪れます。それで恐怖の時間が終わるとまたトイレに逃げこんで神様にお祈りをします。だけど「もう神様は守ってくれないんだ、神様はいないんだ」と神様を信じなくなっていきました。

最初の二月《ふたつき》ぐらいはわたしだけが継父の相手をさせられました。でもある時、わたしが継父に「お姉ちゃんの方がいいと思うよ」と言ってしまいました。それがきっかけでお姉ちゃんも継父から性的な虐待を受けることになってしまいました。だからと言ってわたしへの虐待がなくなるわけではありませんでした。

継父がわたしを殴ることはめったにありませんでした。でも時々、わたしが継父を拒んだり、「これはあと何分で終わるの?」と尋ねたりすると殴られました。その場をやり過ごしたい一心で、わたしはよく「あと何分?」と尋ねる癖があったみたいです。ただ、いまから思えば、殴られた傷痕の残り方がお母さんやお姉ちゃんとは違っていたので、継父の力加減がわたしだけ全然、違っていたのだろうと思います。

だんだんと、もうこのまま何も変わらないんだ、みたいな気もちになっていきました。最初の一月《ひとつき》、二月は、継父に何かされるとつらいし苦しいけれど、半年ぐらい経ってくると、お人形みたいに「もうどうぞ」という感じになってきます。自分から布団に入って継父が来るのを待っているみたいな感じです。そうやって待っているのに、継父がお姉ちゃんのところに行ってしまうと、ホッとするのではなく逆に寂しさのようなものを覚えて不安になりました。明日から自分は生きていられるのかな、みたいな感じです。そのことで継父に可愛がられているという感覚になるので、明日からはもう自分は可愛がってもらえないんじゃないかと……。だから、何もないことは不安で、何かあることで不安にならない、そんなふうになっていきました。

誰も助けてくれない日々

気がついたらお姉ちゃんはあまり家にいなくなっていました。親戚の家で泊まることが多くなっていたみたいです。お姉ちゃんは、なぜ自分だけが親戚の家に行くことになったのか、それがどのくらいの期間だったのか、はっきりしたことはわからないと言います。たぶんお姉ちゃんは、継父に殴られた傷痕が顔にあったので、身体的な暴力を受けていることがわかるから親戚の家に行くことになったんだろうと思います。いまその話をすると、お姉ちゃんは、自分だけが親戚の家に行ったことを後悔すると言います。でもわたしは、お姉ちゃんが継父のいる家にほとんど帰って来ることがなくて大正解だったと思っています。

一度だけお母さんに、継父からされている行為について話をしたことがあります。お母さんは、一晩中一睡もしないで息を殺して、本当に自分の子どもにそういうことが起こっているのかを確かめたみたいです。翌朝、お母さんが継父に何か言ってくれました。でも継父から酷く殴られて、もう何も言えなくなりました。それでわたしに泣きながら「ごめんね。ごめんね。でも我慢してちょうだい。なかったことにして我慢してちょうだい」って言いました。

継父による虐待を受けていることを、近所の人に話したこともあります。ただ近所の人にSOSを出しながらも、「わたしが我慢すればいい、わたしが我慢すればお母さんは殴られないし、お母さんが大事にされる」と心のどこかで思っていました。近所の人に話したのは、自分が助かりたいからというのではなく、お母さんを助けてあげたいという気もちからだったように思います。わたしの家の中でそういうことが起きていて、お母さんだけでもいいから助けてもらえたらと思っていました。

学校の先生には自分から話すことはありませんでした。でも身体検査の時などは、継父から殴られた痣《あざ》が見えていたと思うので、先生は暴力の事実に気がついていたのではないかと思います。どうしようもなかったのかもしれませんが、近所の人からも先生からも、助けはありませんでした。いまになって思えば、近所の人も先生も、堅気《かたぎ》の人ではなかった継父のことが怖かったのでしょう。

学校は救いの場

誰からも助けてもらえなかったので、継父による虐待はずっと続きました。それでも学校に行かせてもらえていた時には、学校が継父による虐待から逃れられる唯一の救いの場になっていました。学校にさえ行かせてもらえれば、二時間でも三時間でも虐待から逃れる時間ができました。

朝、継父の相手をさせられている時には、もうすぐ学校に行けるからと思いながら「はい、どうぞ」みたいな感じで我慢していました。そのうち、朝も昼も晩も、継父の相手をさせられるようになりました。とうとう学校に行かせてもらえなくなりました。

それなのにある日、継父に気づかれないようにこっそりと学校に行ったことがありました。継父は、自分の知らない間にわたしが学校に行ったことが気にいらなくて、突然、学校まで乗り込んできました。先生たちは「いま、授業中ですので」と言ってくれたそうですが、継父が「うちの子どもを出せ！」と先生たちに迫り、その辺の物を手当たり次第に投げて暴れたようです。結局、わたしは継父に引きずられて学校から家まで連れて帰られました。それからというもの、学校にはいっさい行けなくなってしまいました。

我慢の限界

このような状況になり、お母さんがもう一度、継父にわたしたちへの虐待をやめてほしいと言ってくれたことがありました。当時、わたしたち家族は川の近くに住んでいました。継父に楯突《たてつ》くようなことを言ったお母さんは、継父に首根っこをつかまれ、川につき落とされそうになりました。それを見てわたしは、あらためて、わたしが継父から受ける虐待を我慢すれば、お母さんとお姉ちゃんを護《まも》ることができると思い、継父に必死になって謝りました。そして「わたしがなんでも言うことを聞くから、全部、我慢するから、お母さんとお姉ちゃんには何もしないで」と頼みました。

その後、しばらくは我慢を続けました。でもとうとう我慢できなくなり、小学四年生の時、お母さんに「ユウの命を選ぶのか、それとも、お母さんがそのまま幸せになるのか、どっちかを選んでほしい」と迫りました。もしお母さんが継父の方を選ぶのであれば、わたしは生きるのをやめようと真剣に考えていました。

幸いにもお母さんは、わたしの命を守る方を選んでくれました。わたしたちを連れて身ひとつで夜逃げ同然に、継父のもとから逃げてくれました。この時も、もちろん継父による虐待から逃れたいという気もちはありましたが、それだけでなく、お母さんを継父の暴力から救いたいという思いがありました。

逃げて行った先はおばさんの家です。しばらくはおばさんの家で継父から身を隠して暮らしました。それから一年経つか経たないかで母子寮に移りました。いまで言うところの母子生活支援施設です。

周りにわかってもらえないつらさ

いまお母さんの中では、お姉ちゃんだけが継父から虐待を受けたことになっています。わたしが虐待を受けていたということはお母さんの記憶の中から消えてしまっています。精神病を患《わずら》っていることも影響しているのかもしれませんが、お母さんは、「ユウちゃんは小さい時から幸せしか知らなくていいわね。アイちゃんは小さい時からかわいそうなめにあって本当に大変だったんだから、かわいそうな子なの」って言います。そのたびに「いやいやお母さん、ユウも大変だったんだよ」と言いたくなりますが、なぜか言えないんです。わたしの身にもお姉ちゃんと同じことが起こっていたことを、お母さんにわかっておいてほしいと思いますが、病気になってしまったお母さんに言ったところで理解してもらえないだろうとあきらめています。

お姉ちゃんの顔には継父から殴られた傷痕があったので、夜逃げした当時から、親戚の人たちは、お姉ちゃんだけが虐待を受けていたと思っていました。そしてお姉ちゃんが受けた虐待は身体的な虐待だと思っていました。

おばさんの家へ逃げて行った時、小学生のわたしには、周りのおとなたちが何をしているのかさっぱりわかりませんでしたが、お姉ちゃんの顔に暴力の痕があるから診断書をとりに行った方がいいんじゃないか、みたいな話をしていたように思います。

親戚の人たちは、わたしに対して「あなたは本当に何も考えなくて気楽でいいね」みたいな雰囲気でした。わたしが性的な虐待を受けていたなんて親戚の人は誰も思ってはいませんでした。傷痕のあるお姉ちゃんには虐待を受けていたことの物的な証拠があるけれど、わたしには虐待を受けていた証拠がないので、そのことを親戚の人に言っても、所詮《しょせん》わかってもらえないだろうと思っていました。親戚の人に見せられる証拠が何もないんです。自分を切り刻んでくれたら、その証拠を見せられるのにって思ったことはあります。

やがてそのうちに、「アイは酷いめにあってかわいそうな思いをしたのに、ユウは幸せだから何もいらないでしょ」みたいな感じになってきました。お姉ちゃんは親戚の人からお年玉をもらったり、お出かけに連れて行ってもらって洋服を買ってもらったりするのに、わたしだけお年玉をもらえないとか、洋服を買ってもらえないとかというようなこともありました。

そのような中でも、わたしは、お母さんとお姉ちゃんを護らなくてはということしか考えていませんでした。

人づてに聞いたその後の「継父」

継父が暴力団の人であったということを知ったのは、随分《ずいぶん》あとになってからのことで、子どもの頃は何もわかっていませんでした。そう言えば、家にぞろぞろと怖そうな人が来たこともありました。家に警察の人がやってきて、継父が警察に連れて行かれたこともありました。でも警察からはすぐに戻ってきていたと思います。

夫のカズキくんと結婚する前に、小学生の頃に住んでいた家のあたりを訪ねたことがあります。三、四年生の頃のわたしに会いに行きたくなったのかもしれません。小学校の頃の友だちの家を訪ねたら、わたしたちが逃げたあとも、継父が組の人を連れてたびたびやって来て、商店街の人たちにわたしたちの居場所を執拗《しつよう》に問いただしたり、「いないか、いないか」と毎日のように電話がかかってきたりして大変だったと聞かされました。

わたしたちが誰にも行き先を告げずに逃げ出したので、継父は、商店街の誰からもわたしたちの居場所を聞き出すことができず、いらだって腹いせともいえるような迷惑行為をくり返していたらしいです。継父の嫌がらせが原因で引っ越しを余儀なくされる人がいたということも聞かされました。「急にいなくなってあなたたちはいいかもしれないけれど、残されたわたしたちは結構、大変だったんだよ」と言われました。

児童養護施設を退所してから職員さんに教えてもらった話では、継父は施設にも、わたしがいないか、いるのであれば引きとりたいという電話をなん度もかけてきていたそうです。継父が施設に直接、訪ねて来たこともあったと聞きました。施設ではその都度、「そういう人はいません」と対応してくれていたようです。

また親戚の人からは、継父はとにかくわたしだけを引きとりたい、わたしだけを自分のところにとり戻したいと探し回っていたと、このことも随分あとになってから聞きました。

変な話ですが、継父から逃れることができたのだから、もう継父のことを考えなくてもよいはずなのに、いつもどこかに継父がいるのではないかと探してしまうわたしがいます。探し出して刺せるタイミングがあったら刺そうと思っていました。だからお姉ちゃんとは、どっちか先に継父を見つけた方が刺そうっていう話をしていました。その思いはずっと持ち続けていて、もしそうなったら、お互いに自分の子どものことをお願いするねという話までしていました。もちろん、実際にその時がきたら本当に刺すかどうかは別ですが……。

第２章　施設で暮らす

母への執拗《しつよう》で過激な暴力

おばさんの家でしばらく過ごしてから母子寮に移り、ふたたびお母さんとお姉ちゃんとわたしの三人の暮らしが始まりました。そこだったら継父が訪ねて来ても守ってくれるからということでした。そのように聞かされていても、いつも継父がどこかにいるのではないか、継父がやって来るのではないかと不安でした。

それでもしばらくの間、わたしたちの暮らしは落ち着いていました。ところが、中学一年生の終わり頃にそれが急変しました。きっかけは、お母さんの、「あの時、ユウちゃんが逃げたいと言わなかったら、お母さんは幸せだったんだよ」というひと言です。お母さんは、わたしのせいで幸せを奪われたと言ったんです。それまでは、継父に対してだけ深い憎しみを抱いてきました。でもお母さんのこの言葉をきっかけにして、わたしの憎しみの矛先《ほこさき》が継父よりもむしろお母さんに向き始めました。

中学二年生の頃はちょうど反抗期の絶頂で、家出をしたり、家に帰ってくればお母さんに対して暴力を振るったりするようになりました。でもお姉ちゃんがいるところでは、絶対にお母さんに対して暴力を振るいませんでした。だから誰もわたしをとめてくれないし、自分でも自分の行動をとめることができなくなっていきました。

お姉ちゃんのいないところで、お母さんに対して殴る、蹴るの暴行をくり返しました。お母さんが寝ている時であっても、座っている時であっても、お母さんにナイフを向けました。ナイフを振りかざして机の上に置かれたお母さんの手の甲をめがけて寸止めしたこともあるし、お母さんの目の前のテーブルにナイフを突き刺したこともあります。お母さんには、「わたしの許可なく死ぬのは絶対に許さない。お前には生き地獄を味わわせる。一生苦しめ！」みたいなことをずっと言い続けていました。お母さんへの暴力は日増しにエスカレートしていきました。

母に与えた恐怖

中学生の時、家ではお母さんに対してゾッとするぐらい恐ろしいことをしていたのに、学校ではおとなしくしていました。友だちがいなくていじめられていて、学校に行ってもひとりなので学校にはあまり行きたくありませんでした。朝、学校に行くふりをして家を出るけれど、ずっと外にいて学校に行かなかったこともあります。すると、学校から家に電話がかかってきて、お母さんが「学校に行かなかったの？　どこに行ってたの？」みたいに聞いてくるのがわずらわしくて、そのたびにまたお母さんに暴力を振るいました。

だからいま、お母さんの隣にわたしが座っていて、わたしが何かのはずみでちょっと手を上に挙げると、お母さんの体がビクッとするのがわかります。それを見ると、ちょっと切なくなります。わたしが不機嫌になりそうだと思うと、お母さんは「ごめんね、ユウちゃん、怒らないでね、怒らないでね」と言い始めます。お姉ちゃんにはしないような「お客様扱い」をわたしにはするので、中学生の時の暴力は、お母さんに相当な恐怖を与えていたんだろうと思います。

当時、わたしにとってお姉ちゃんは怖い存在でした。その後もお姉ちゃんに嫌われたくなくて、長い間、お姉ちゃんにはお母さんに暴力を振るっていたことを話せませんでした。でも最近になって、ようやく当時の話ができました。そしたらお姉ちゃんは、「確かに言われてみれば、学校に行く時にはあいていなかったところに穴があいていたよね」「学校に行く時にはお母さんに傷がなかったのに帰ってきたら傷があったよね」とひとつひとつ自分を納得させるように言いました。けれども、お姉ちゃんが学校から帰ってきてお母さんに傷のことを尋ねた時には、お母さんは「転んだ」としか言わなかったそうです。

お姉ちゃんから、「ユウちゃんがそんなことをしていたなんて思ったこともなかったし、考えたこともなかった。そんな酷《ひど》いことをしていたなんて理解できない」とさんざん叱られました。そして常々、お母さんがわたしの顔を見るだけでビクッとなったり、わたしにだけ「これしかないけれど、これでいいですか」ってすごく丁寧に言ったりするのが不思議だったけれど、謎が解けたと言われました。

「なんでわたしを置いてくんだ！」

中学二年生のある日、わたしの度重なる家出や暴力に耐えきれなくなったお母さんは、とうとうわたしを児童相談所に連れて行きました。お母さんから児童相談所がどのようなところなのかについての説明はなく、「病院の先生に診てもらいたいから」というような話だけで、よくわからないままお母さんについて行ったらそこが児童相談所でした。

児童相談所の建物に入った瞬間から、わたしとお母さんはバラバラにされました。お母さんが児童相談所の先生から話を聞いている間、わたしも別の部屋で別の先生と話をしていました。でもわたしは、その日のうちにお母さんと一緒に家に帰れるものだと思っていました。だからお母さんと別の部屋で話をしている時にも、こうやって知らない人と話をしていても、すぐに終わるだろうと楽観的に考えていました。それなのにその日から家に戻れなくなって、お母さんの顔を見ることもできなくなりました。

その日にわたしが最後に見たのは、わたしを置いて出て行くお母さんの背中だけでした。その背中に向かってわたしは、「なんでわたしを置いてくんだ！　くそばばぁ！」という言葉を投げつけました。

翌日から児童相談所の奥にある一時保護施設みたいなところに入れられて、そこでしばらく生活したあと、情緒障害児短期治療施設に移されました。いまは児童心理治療施設というように名前が変わったみたいですね。

生きている価値のないわたし

情緒障害児短期治療施設へ移ってしばらくすると、お姉ちゃんから電話がかかってきて「最近、お母さんの様子がおかしいんだよ」って聞かされました。冷蔵庫に向かってひとりでボソボソしゃべり始めるし、よくわからないことを言うし、昔のことを全然、覚えていないので病院に行ったら精神病だと診断されたみたいです。お母さんが精神病になったとわかった時には、よかったと思いました。当時はお母さんに対して、もっともっと痛いめにあえばいいのに、もっともっと傷つけばいいのに。わたしよりももっともっと苦しんで、もっともっと嫌なめにあえばいいのにと思っていたので、お姉ちゃんから病気のことを聞かされても、かわいそうだとも思わないし、自業自得じゃないかって思いました。

同じ頃、わたしは、いつ死んでもいいと思っていました。誰もわたしを助けてはくれなかったし、お母さんからも捨てられたという思いが強かったからです。もういっそのこと、わたしが死んでお母さんが泣けばいい……。いや、でもお母さんは泣かないで、むしろ笑うか、みたいに思っていました。自分は誰からも必要とされていなくて、たとえ死んでも自分のために泣いてくれる人なんていないし、困る人もいないと思っていました。

わたしはしきりに「死にたい、死にたい」と言っていました。するとたいていのおとなの人たちは、「何を言ってるんだ。これからいいことがいっぱい待っている。生きていれば絶対にいいことがある」と言って死ぬのをやめさせようとしました。そのように言われても、わたしにはいついいことがやって来るのか想像がつかないので、「じゃあ、いつになったらいいことがやって来るのか教えてよ！」と問い返しても、誰も教えてはくれませんでした。楽しいことやいいことがやって来る保障はないと思っていました。

わたしを変えた出来事

ところが、そのような思いを変えた印象深い出来事が起こりました。「死にたい、死にたい」としきりに言うわたしに対して、「わかった。すぐ死ねる方法を一緒に考えよう」と言った職員さんがいました。情緒障害児短期治療施設にいた時にわたしを担当していた職員さんです。

その職員さんは、「ひとりで死ぬのは寂しいだろうから、わたしも一緒に死んであげるよ」と言って、カッターやロープを持ってきて、たんたんと死ぬ準備を始めました。ふたりきりの部屋に他の職員さんが入ってこられないように内鍵をかけ、カッターよりロープの方が一緒に死ねるからという理由で、高いところにロープを結びつけ、その下に椅子を置きました。わたしに「ほら乗って」と促して、ふたり並んで椅子の上に乗り、首にロープをかけました。職員さんが先にロープをかけたので、あらっていう感じで、これはやばいというか……。

いざ死ぬとなった時に、あれだけ死にたい死にたいと言っていたのに、死にたくないっていまさら言うのは……、どうしようどうしようと、でもなんか死ぬモードになってしまっているし、と思った時に急に気が引けて涙がとまらなくなりました。「やっぱり死にたくない」って言うと、その職員さんはギユッとわたしを抱きしめてくれました。「うん、だからひとりじゃないんだよ。生きるってそういうことなんだよ」と。

その時、この人は信用していいんだと思いました。誰もわたしのことなんか大切にしてくれない、わたしのことを真剣に怒ってくれる人はいないと思い込んでいましたが、この人はわたしのことを一番に考えてくれる人なんだと思うようになりました。

児童養護施設での暮らし

中学校を卒業する時には家に帰ることができると思っていたので、情緒障害児短期治療施設にいる間は、「とりあえずお利口さんにしていよう。言うことを聞いておけば家に帰れるだろう」と思っていました。ところが高校一年生になる少し前ぐらいに、施設の先生から「いや、おまえに帰るという選択肢はない」と言われました。そう言われても、お母さんからは何も言われていないし、「えっ⁈」という感じでした。だけど帰るという選択肢は与えられず、帰るべきではないとも言われ、今度は児童養護施設に移ることになりました。結局、高校を卒業する十九歳まで施設の暮らしが続きました。

児童養護施設では、お母さんが迎えに来ることはないとはっきり言われました。家庭復帰という選択肢がなくなった時点で、わたしは誰にも頼らないで生きていかなければならないんだと覚悟を決めました。高校に進学しても、お母さんから授業料などは一切、出してもらわないでやっていこうと決心しました。

　自分でお金をかせぐにはどうすればよいか、早く社会に出るにはどうすればよいか、施設の職員さんに相談しました。高校に入学してからはラーメン屋さんでのアルバイトに精を出して、授業料をかせいだり自分のほしいものを買ったりしていました。また施設で洗濯の実習をさせてもらったり、福祉のボランティアに参加したりもしました。施設を出たらひとり暮らしをしなくちゃいけない、社会に出てひとりで生きていくにはどうすればよいか、という考えが常にあったんだと思います。

　わたしのいた施設では、海に行ったり地域のお祭りに参加したりするなどたくさんの行事がありました。でもそれらの行事に参加することは、全然、楽しくありませんでした。年齢が高くなってから児童養護施設に移ったので、すでに友だち関係ができている人たちの中に入っていったということもあると思います。行事があるたびに、なんで行かなきゃならないのかと職員さんに対してずっと文句を言っていました。

　不満もあったけれど、施設にいる間に職員さんから教えられたことはたくさんあります。印象に残っているのは、苦手な人と付き合わずに生きていくことはできないという話です。自分にとって得意だと思える人は自然についてくる。だから、苦手な人とどう付き合うかによってその後の社会の中での生き方が決まってくると教えられました。

楽しかった高校時代

小学三年生で継父から虐待を受けた時から、わたしは自分の中でいろいろな事を決めていたと思います。わたしの中では十六、七ではとにかく遊ぶだけ遊んで、十九か二十歳《はたち》で結婚して、三十三歳でいっぱい寿司食って死ぬ、と決めていました。

もともと、あまり高校に行きたくありませんでした。制服を着るのは嫌だしルールに縛られるのも嫌で、逆に仕事がしたくてたまりませんでした。そんな時、お姉ちゃんが、「ユウちゃんに合うのはこの高校だよ」って紹介してくれました。その高校は単位制高校で、制服がないので好きな格好ができるし、自分で好きな授業を選ぶこともできました。

先生も気さくな人が多くて、「おいしい店があるんだ。ランチを食べに行くか?」って声をかけてもらい、一緒に近所の食堂や喫茶店へ食べに行くこともありました。仲のよい友だちとは、「次の授業はめんどうくさいなぁ」とか言ってカラオケに行ったり……。そんなことばかりしていました。

入学早々、金髪の先輩たち四、五人がわたしに向かって歩いて来ました。なんだろうと思っていたら、その人たちはお姉ちゃんの中学時代の同級生で「あんた、アイの妹でしょ。よろしくね」って言ったあと、周りにいた人たちに、この子はアイの妹だからわかっているよねっていう感じで言ってくれました。だから怖い先輩から「気をつけて帰んなよ」と声をかけられることはあっても、「顔を貸せよ」みたいにつけ込んで狙《ねら》われることはありませんでした。ことあるごとに「ユウ、ユウ」って声をかけてもらいました。

高校時代に仲のよかった友だちのひとりとはいまでも付き合いがあります。しょっちゅう連絡をとったり、毎日、彼女のことを思ったりしているわけではありませんが、心のどこかにはいつもいてくれて、何かあったら連絡をとれる人です。わたしのことをすべて話している親友のひとりです。彼女の家に遊びに行ったことがあります。家の人と一緒にハヤシライスを食べました。彼女のご両親は、わたしを「施設の子」というような見方をしませんでした。

現在、彼女は子どもをサポートする活動に参加しています。この前、ＬＩＮＥで話をしていた時、「なぜユウは、自分の子どもに虐待をしなかったの？」と尋ねられました。「子どもと思わず、ひとりの人として思えたから」と返信しました。

通帳をつくってくれた姉

お母さんや夫のカズキくんのこと、子育てのことなどをお姉ちゃんと話すようになったのは、随分《ずいぶん》あとになってからです。中学生の頃はお姉ちゃんとすごく仲が悪くて、お互いの話も全然しませんでしたが、高校生になる頃からお姉ちゃんと話をするようになりました。お姉ちゃんには本当にいろいろと助けてもらいました。進学した高校を紹介してくれたのもお姉ちゃんだし、入学してからはいろいろなところで便宜《べんぎ》をはかってもらいました。

お姉ちゃんも高校生の時、ずっとアルバイトをしてお金をかせいでいたので、なんかわたしの気もちがわかるみたいでした。わたしから頼んだわけでもないのにお姉ちゃんは、「高校に入ったら、やっぱり一万円以上ないと友だちと楽しく遊べないよ。お母さんにお金がほしいなんて言えないのはよくわかってるから」と言って、わたしの口座をつくってくれました。そして通帳はお姉ちゃんが持っていてキャッシュカードだけわたしに渡してくれました。お姉ちゃんがアルバイトの給料から通帳に入れてくれたお金をカードで引き出して使っていました。もちろん施設の職員さんにはないしょです。

また門限を過ぎてしまいそうな時は、お姉ちゃんに頼んで、お姉ちゃんから施設に電話をかけてもらっていました。お姉ちゃんと会っていることにすれば、職員さんに叱られないからです。このように友だちと毎日遊び回っていたので、お姉ちゃんからもらうお小遣いに施設からもらうお小遣いやラーメン屋さんでのアルバイトの給料を加えても、遊ぶお金は足りませんでした。

カズキとの出会い

十七歳の時、現在の夫である一歳年下のカズキくんと出会いました。カズキくんも同じ施設にいましたが、それまで話をしたことはありませんでした。カズキくんとつながりのある先輩に誘われて、その先輩とカズキくんの話に加わったのが出会いのきっかけです。当時は別の男性と遠距離恋愛をしていたので、カズキくんにはまったく興味がありませんでした。でもみんなで集まって話をする機会が徐々に増えていき、そのうちカズキくんとの関係も深まっていきました。

自分の家で暮らしていれば、いくら付き合っていても、夜になれば「さよなら」と言ってそれぞれの家に帰ることになります。すると、そこから先は相手が何をしているかわかりません。ところが施設の中で付き合っていると、四六時中ずっと就寝の時間まで離れずに一緒に過ごすことができました。食事の時も自由時間の時も一緒です。お風呂も一緒のタイミングで入りに行って、お互いのお風呂場の声が聞こえるので、お風呂からあがる前に合図をして、お風呂から出たらまた一緒に過ごしていました。

一緒にいない時であっても、カズキくんの部屋の前を通れば、どこに座って何をしているのかが見えます。どこにいるのかわからなくなっても、すぐに「いまグラウンドで野球をしているよ」っていうような情報が周りから伝わってきました。あの頃はカズキくんとベッタリの生活で、周りの子たちからは「また合コンやってるよ」みたいに言われていましたが、気にしてはいませんでした。

「この人しかいない」

カズキくんには、幼い頃に継父から受けた虐待の話もしました。わたしたちが親密な関係になる少し前、カズキくんと、わたしがとても可愛がっていた後輩の女の子と三人でいる時のことでした。女の子の方は、「聞いているわたしが泣いてごめんね」と言いながらボロボロ泣き始めました。カズキくんの方は、「そいつのことを忘れる必要なんかない。もしユウが忘れても俺がそいつのことを覚えといてやるから」と言ってくれました。わたしが継父を刺せば捕まるから、俺が代わりに殺してやる、というような勢いでした。その時わたしは、「この人しかいない。この人と結婚したい。これからもずっと一緒にいたい」と強く思いました。

この時までわたしの話を聞いた人はみんな、「過ぎたことだから忘れた方がいい」と言いました。「かわいそう」とも言いました。でもカズキくんは真逆でした。「ユウはかわいそうなんかじゃない。ユウが悪いわけじゃない」っていう感じで言ってくれました。カズキくんは、虐待の話を聞いたからといって、わたしを傷つけないように言葉を選ぶこともなく、特にやさしくなるわけでもなく、これまでの態度を変えることなく付き合ってくれました。過去にとらわれない、ということでしょうか。唯一、変わったことと言えば、手を握るなど体に触れることをカズキくんからは絶対にしてこなくなりました。こういうカズキくんだから、アパートの雑誌をふたりで見ながら「こんな間取りがいいよね」というように未来について語り合い、将来を考える真剣な付き合いになっていったのだと思います。

カズキの子どもを妊娠

そうこうしているうちに、施設内でカズキくんと性的な関係をもち、子どもを宿しました。その時わたしたちはまだ高校生でした。避妊のことは知っていましたが、カズキくんにはその必要はないって言いました。子どもができてもいいと思っていたからです。でもいざ妊娠したことがわかった時には、どうすればよいかとても悩みました。それはちょうど、退所を間近に控えていたカズキくんの就職先が決まった頃のことです。

カズキくんは、子どもを産んでほしいとは言いませんでした。わたしも縄跳びなどをしていたので、最初は産む気がなかったのかもしれません。縄跳びをしても流産することもなく、そのうちつわりが酷《ひど》くなってきたので、施設の保健師さんに妊娠のことを告げて相談しました。施設長の先生には自分から話をするように言われました。先生からは、絶対に「子どもを堕《お》ろせ」と言われるだろうと思っていました。だから妊娠したことを話したあとで、先生から「産みたいのか産みたくないのか」って聞かれた時に、すぐさま「堕ろします」と返事をしました。すると先生から「簡単に堕ろすと言うな」と言われ、「あれっ?」って思いました。不意打ちを食らったような感じでした。

保健師さんに付き添ってもらって産科の病院へ行きました。そこではあっさりと「産めないでしょ」と言われました。妊娠がわかると、テレビなどでよく見たように、「おめでとうございます！」と祝福される場面を想像していました。ところが実際は、看護師さんたちがその場でコソコソッとしゃべり、産科の先生からは「年齢的にもいまの状況では産めないでしょ」とだけ言われ、中絶するための紙を渡されて帰ることになりました。

はしかに罹《かか》って中絶

「簡単に堕ろすと言うな」という施設長の先生の言葉を聞いてから、生命《いのち》について考えるようになりました。保健師さんだけでなく心理の職員さんや、わたしの担当職員さんともいろいろと話をしているうちに、わたしの中に「産みたい」という気もちが芽生えていました。一方で、カズキくんに迷惑をかけたくないし重荷になりたくないという思いもありました。

どうすればよいのかとあれこれ悩んでいるうちに、はしかに罹ってしまいました。この時期にはしかに罹るとお腹の中の子どももはしかに罹っているから、障害をもって生まれてくることになるという話を聞きました。いまの自分の状況で、障害のある子どもを育てていけるのかと考えると、やっぱり育てていけないという結論になりました。悩みに悩んだ末に、結局、中絶手術を受けることに決めました。

おとなになってからはしかに罹ると体力的にも精神的にもきつくて、もう二度とカズキくんに会えなくなるという思いにかられました。その頃にはカズキくんは施設を退所していたので、担当職員さんに「一生のお願いだから、たった一回だけでいいからカズキくんに会わせてほしい」と頼みました。絶対に無理だと思っていましたが、はしかが一段落して中絶手術を受けるまでの間に、一回だけカズキくんに施設に来てもらって会うことができました。

わたしたちのことはすでに施設の中でうわさになっていました。だから、カズキくんが会いに来ることを施設の子どもたちに知られないように、子どもたちが居室から出ないようにした厳戒態勢の中で五分間だけ会うことができました。カズキくんと何を話したのかはまったく覚えていません。覚えているのは、わたしが一番好きな一〇〇％の笑顔で、隣にいてただ笑ってくれていたことです。

でもお姉ちゃんも担当職員さんも、カズキくんが笑っていたことを快くは思いませんでした。「ごめんね」のひと言もなかったからです。だけどわたしにしてみれば、この時、カズキくんから「ごめんね」って言われていたら、結婚しなかったかもしれないです。

この日、カズキくんに、手術をする日や病院名を伝えました。手術の日、カズキくんは病院に来てくれましたが、会わせてはもらえませんでした。

この一件では、「施設の名を汚した」とわたしが叱られるだろうと思っていました。でも叱られたのはカズキくんの方でした。カズキくんが「一回やっただけの遊び」みたいなことを言ったからです。カズキくんはそのことでものすごく叱られることになりました。ただこの時、カズキくんは、わたしを護《まも》るために、自分が怒られてもいいから「遊びだった」と言ったのだと思いました。これこそがカズキくんが選択した責任のとり方だと思ったのです。だから「遊びだった」と言われても傷つきませんでした。むしろ、カズキくんがつらい思いをしていることや、カズキくんにつらい思いをさせてしまったことにわたしは傷つきました。

罰せられない苦しさ

手術が終わると早く施設に戻りたいと思いました。でも同じ部屋の子どもたちへの影響を考えて、その日は病院に泊まることになりました。すると、夜中に赤ちゃんの泣き声が聞こえてきて、すごく責められているような気がしました。考えることと言えば、「自分で自分の子どもを殺してしまった」ということだけです。そのことを誰も責めてくれないし、罰してもくれません。それがすごく苦しかったです。

周りの人から「はしかに罹ったんだからあの時は仕方がなかったんだよ」と言われても、わたしが自分の子どもに「あの時はああするしか仕方がなかった」と言ってはいけないと思いました。本来なら自分の子どもを殺したら罰せられるのに、胎児だからという理由でわたしは罰せられませんでした。だからこそわたしは、このことを忘れてはならないし、自分を許してはならないと思いました。

継父から性的な虐待を受けてきたので、ずっと自分の身体が汚れてしまったと思っていました。さらにカズキくんとの間にできた子どもも殺してしまったわたしは、もう自分の身体なんてどうでもいいと思うようになりました。夜、職員さんの巡回が終わったあとに、すでに施設を退所しているヤンチャな感じの先輩に迎えにきてもらって、こっそり施設を抜け出して遊び歩いたりもしました。

「あんた、安《やっす》い女だね」

自分の身体なんてもうどうなってもいいと思い、自分を大事にできなくなって自暴自棄に遊び歩いていました。ある日、担当職員さんに呼ばれて「カズキのことはどうしたの？」と聞かれました。わたしが「どうでもいいでしょ」というような感じで答えると、「あんた安い女だね」って言われました。自分のことを痛烈に批判されたのに、反抗的な気もちは一切、出てきませんでした。

中絶の手術をしたあとは、わたしのことをいたわる気もちからなのか、多くの職員さんには、多少のルール違反であれば見なかったことにするというような気づかいが感じられました。ある意味、わたしに対して「腫物《はれもの》にさわる」みたいな雰囲気だったように思います。だから担当職員さんも同じような思いだろう、ましてやわたしに迷惑をかけられたのだから、わたしの担当になんかならなければよかったと感じているだろうと思っていました。でも実際はそうではありませんでした。

担当職員さんは、わたしの行動に問題があることを率直に指摘してくれました。わたしは、信頼していた担当職員さんにそのように思われていることがすごく嫌だと感じました。担当職員さんは「あんた、安い女だね」という言葉で「次にあなたはどう生きるのか」と迫ってきたのだと思います。わたしにとってその担当職員さんは「お母さん」みたいな存在でした。わたしのことを一生懸命、考えてくれていたんだと思いました。わたしを信じてくれていた人をわたしは傷つけていたんだと思いました。「そういう女」になりたくなかったはずなのに、このままじゃそうなってしまう。自分で自分を大切にしなくてはと思うようになりました。

「ユウは少しも汚くない」

お母さんに児童相談所に連れて行かれた時からこの時までずっと、自分にかかわってくれるおとなの人たちに、継父から性的な虐待を受けていたことをはっきりと話せてはいませんでした。でもカズキくんの子どもを妊娠したあとに周りのおとなの人たちと話をする中で、小学生の時に継父から虐待を受けていたことを初めて話すことができました。

心理の職員さんのカウンセリングを受けていて、ある日、「どうせわたしは汚いから、わたしは何をしてもどうなってもいい」と言いました。するとその職員さんは、「もし自分が中絶したことを罪に思うならそれを忘れないこと」って言いました。そして続けて、「そのことをずっと忘れないで、ずっと背負っていって、自慢とかじゃなくてだれにでも話せるようになることが大切なんだよ」って言ってくれました。最後に「抱きしめてもいい？　ユウは少しも汚くないって」と言いながら、わたしを抱きしめてくれました。その時は「気もち悪い」って思ったけど、いまはそのことが忘れられません。

第3章　自分の家庭をもつ

再び妊娠そして結婚

カズキくんとは中絶したあとにいったん別れました。でも時間が経つにつれてやっぱりよりを戻したいという思いが強くなりました。友だちに相談すると、「いまカズキを逃したらもう二度とユウのところに戻ってこないよ。ユウの気もちを伝えないとカズキとは二度と会えなくなる」と言われました。そこで家に戻っていたカズキくんに電話をかけて思いを伝えました。でもその時は、「仕事も決まったし、いまはそういうことは考えられない」と断わられました。

しばらくして今度は、カズキくんの方からよりを戻そうという話がありました。その頃はもう高校を卒業して施設を退所し、ひとり暮らしを始めていたので、わたしにとってカズキくんはますます大切な存在になっていきました。

結婚する相手は、お酒を呑まない人、暴力を振るわない人、家族を大事にする人、自分より子どもを大事にする人と決めていました。そしてもっとも重視していたのは性的なかかわりの部分です。わたしが嫌な時は強要しない、自分の快楽を優先しない、そしてわたし自身が、嫌な時に嫌と言える相手であるかどうかを大事に考えていました。

カズキくんには、嫌な時は嫌とはっきり言うことができました。好きだからと我慢して、言われたとおりにしようとは思いませんでした。カズキくんは、わたしが嫌だと言えばとくに理由を問い詰めることもなく、「あっ、そう」みたいな感じでそのまま受け入れてくれます。だからきっとカズキくんには、継父から受けてきた虐待のことをしゃべることができたんだと思います。

やがて、再びカズキくんの子どもを妊娠しました。今度は妊娠を機に結婚することに決めました。周りの人たちに、これからの自分たちを見てもらおう、そして認めてもらえるように頑張ろうという思いでした。

結婚までの道のり

最初はカズキくんのお義父《とう》さんもお義母《かあ》さんも、わたしたちが籍を入れることには反対でした。とくにお義母さんは、施設でわたしがカズキくんの子どもを妊娠した時に、同じ女性として、一番先に寄り添って「産んでいいよ」って言ってあげなければならなかったのに、それが言えなかったことを気にしていました。お義父さんやお義母さんから反対されたから産まない選択をしたのではなく、はしかに罹《かか》ったから産めなかったわけですが、お義母さんは、私に中絶をさせてしまったという思いをずっと抱いていました。

お義母さんの中には、わたしたちが結婚すれば、産まない選択をしたというつらい経験をふたりともが背負い続けていかなければならないから、結婚しない方がよいのではないかという思いもあったようです。傷をなめ合うだけになったり、カズキくんが責任を負って結婚したみたいになったりするのであれば、お互いが別々の道を歩んで、そのことを忘れてしまった方がよいのではないかと考えたこともあったらしいです。

お義父さんやお義母さんに結婚したいと話した時には、妊娠のことはまだ告げていませんでした。お寿司屋さんで会って話をしたんですが、お義母さんには、その場できっぱりと「籍を入れることにいまは反対」って言われました。「籍を入れるのは何年か一緒に暮らしたあと、二十四、五になってからでもいいでしょ」っていうことでした。でもお寿司屋さんから帰ったあとで、お義母さんから「お腹の中に赤ちゃんいるでしょ」って電話がかかってきました。お義母さんには妊娠していることがわかったんだとびっくりしました。お義母さんは、籍を入れる前に赤ちゃんが生まれたら、あとから結婚しても赤ちゃんは戸籍上、カズキくんの養子になってしまうと思っていたようです。さっきは籍を入れるのは反対と言ったけれど、結婚してから赤ちゃんを産んだ方がいいと言ってもらえました。生まれてくる赤ちゃんにとって両親がそろっていることが大事だということで、わたしたちの結婚を認めてもらうことができました。

カズキくんがお姉ちゃんのところに挨拶に行ってくれた時には、お姉ちゃんにはちょっと納得できないような驚きがあったみたいです。わたしが子どもを堕《お》ろしてからそれほど日が経っていなかったからです。でも泣きながら、「よかったねユウちゃん、きっと前に産めなかった子が来てくれたんだよね」と言ってくれました。

このようにカズキくんのお義母さんやお義父さん、お姉ちゃんには、妊娠したことや結婚することを前もって話しましたが、自分のお母さんには子どもを産むことを反対されそうな気がして、どうしても話すことができませんでした。だからお母さんにはすべて事後報告でした。「お母さんにはお腹の中の赤ちゃんが八カ月になってからしゃべったら」とお姉ちゃんが言ってくれたので、それまでは隠し通そうと思いました。お母さんの前ではいつもどおり重たい荷物を持ったりもしていました。妊娠八カ月を過ぎた頃、ある日、お母さんと一緒にバスに乗ることがありました。降りる直前、お母さんに「わたし、もう結婚していてお腹の中に子どもがいるから」と告げ、そのままわたしはバスを降りました。

わたしのおばあちゃんには、結婚は反対とはっきり言われました。離婚するに決まっているとまで言われました。そんなふうに言われたら言われるほど、「絶対に離婚しないから、見てろよ」みたいに思っていました。

これは最近になってわかったことですが、施設の職員さんたちも、わたしたちが結婚しても絶対にうまくいかないだろう、長続きしないだろうと思っていたみたいです。もっと言えば、わたしとカズキくんが結婚するとは思っていなかったようです。

わたしを厳しく叱ってくれたあの担当職員さんとは、いまでも半年に三回ぐらいは会います。その担当職員さんからも最近になって、「ユウとカズキは、正直ね、なんかうまくいかないと思ってた。後々、カズキがユウを支えていけなくなると思っていた」と言われました。でも同時に「あの時のユウの人を見る目は間違いじゃなかったんだね」とも言ってもらえました。

産科の先生との出会い

妊娠がわかって産科の病院に行った時、中絶の紙を渡されたあの時のように、また看護師さんどうしがコソコソッとしゃべって「大丈夫なの？」みたいな感じで言われるんだろうと思っていました。でもこの時に行った産科の先生は全然、違っていて、第一声で「おめでとう！」って言ってくれました。わたしが「三月頃に産まれると思うんです」って言うと、「大好きな人の子どもを産むって決めたんだね」とも言ってくれて、看護師さんも「おめでとう、おめでとう」みたいな感じでした。

産科の先生には、妊娠したことをお母さんに知らせたくないと告げました。理由を聞かれたので、お母さんとの確執《かくしつ》など自分の生い立ちをすべて話し、お母さんに祝ってもらいたいなんて思っていないと言いました。でも先生から「わかった。けれどお母さんは、孫が生まれた時、きっと泣くと思うよ」と言われたので、「お母さんは絶対にわたしのために泣くような人じゃない、泣くわけがない」と反論しました。すると先生は、「人を産むということ、生命《いのち》に責任をとるということは、一生、自分ひとりだけで育てていくことではない」、そして「本当に子どもを産みたいと思っているんだったら、一番初めにお母さんに伝えることだ」と言って、わたしとお母さんの仲立ちをしようとまで申し出てくれました。

結局、お姉ちゃんと相談して妊娠八か月になった時に、わたしからお母さんに伝えたので、わたしの場合は直接、産科の先生にお母さんとの間に入ってもらうことはありませんでした。先生の話では、わたしみたいに事情を抱えてやってくる若い子と親の仲立ちを実際にいろいろとしているということでした。

初めての出産

出産の日、お母さんが病院に来てくれました。わたしからお母さんに病院の名前などを教えてはいないので、お姉ちゃんがお母さんを連れてきたか、カズキくんが連絡したかのどちらかだと思います。陣痛が襲ってきた時、お母さんは傍《そば》に付き添ってくれていましたが、わたしは結構、暴言を吐いていたように思います。お母さんが体をさすってくれても全然、力が入っていないので、「お母さんじゃ意味ないっ！　お姉ちゃんじゃなきゃ意味ないからさわんないでよっ！」という感じでした。

分娩室で先生からお母さんの様子を教えてもらいました。先生からお母さんに「まだ少し時間がかかるから病室に戻っておいてください」と伝えても、お母さんはずっと分娩室の前で泣いて待っていたそうです。その時は陣痛が激しくなっていたので、先生から何を聞かされてもお母さんのことに思いを馳《は》せるような余裕はありませんでした。

お母さんに生まれてきた赤ちゃんを抱かせるつもりはまったくありませんでした。ましてや一番先に赤ちゃんをお母さんに抱かせるなんていう気もちはさらさらありませんでした。それなのに出産後、病室に赤ちゃんを連れて来て先生が「一番めだよ」って言いました。私の知らない間に先生は、赤ちゃんをお母さんに抱かせていたようです。その時のわたしは、とにかく長女のサキが無事に生まれたことにすごく感動して泣いていました。だから、「一番めだよ」とか、「親子だねぇ、お母さんも赤ちゃんを抱っこする前から泣いていたよ」とか言われても何も思わなくて……。むしろ嬉しかったんだと思います。お母さんがサキを一番先に抱いてくれたことが、多分、素直に嬉しかったんだと思います。産科の先生が、結構なんか間に入ってくれたという思いが強くあります。

しばらく経ってから病室にやってきたお母さんは、わたしの前では絶対に泣きませんでした。病室に来てくれたお母さんと何か言葉を交わした覚えもありません。

二四時間三六五日

施設ではしかに罹って子どもを産まないという選択をした時から、産めなかった子どもの生命についてずっと考え続けていました。お腹の中の子どもを殺しても誰からも罰せられないから、余計に自分を許してはいけない、簡単に忘れちゃいけないと思っていました。

だからサキが生まれた時はものすごく嬉しかったです。サキがお腹の中にいる時から、あの時の子どもが来てくれたような気がして、産めなかった子の分も大事にしなきゃならないと思っていました。そのような思いがあったからか、サキを産んだあと、自分からサキを離すことができなくて、病院で寝ずにずーっと抱っこしていました。赤ちゃんに泣かれることが恐怖というか、とにかく抱いていれば泣かないだろうと思っていました。すると助産師さんに、「二四時間三六五日、ずーっと抱いているつもり？　時には離すのも母親の役目だよ」

と言われて、ようやく抱っこするのをやめてサキを布団の上に寝かせることができました。

産科の先生は、長女のサキが生まれたあとに病室で寝泊まりして会社にかよっていたカズキくんに対して、「育児をしなければ父親じゃないよ」と話してくれました。もちろんわたしにも「産んだだけじゃ母親になれないよ」と言ってくれました。とにかくこの病院は、助産師さんも看護師さんも、寄り添い方が助産師さんや看護師さんではないんです。不思議なんですが、なんでも話せる相談相手みたいな感じでした。

誰にも頼らないで頑張る決意

出産後は実家に帰る人もいるみたいですが、わたしは出産後に自分のお母さんのところに戻るとか、お母さんに頼るとかいう気もちは一切なかったです。精神病を患《わずら》っているお母さんにはどうせ頼れないという思いもありました。

また出産の準備や出産の費用なども、子どもを産むと決心した時に、その一切を親に頼ることなく、全部自分たちで頑張ろうと決めました。だからサキが生まれて一カ月ぐらい経ってから、カズキくんのお義母さんとおばあちゃんがアパートまで会いに来てくれた時、「何ひとつ頼らないで本当によく頑張ったねぇ」と言ってもらいました。お義母さんたちは、わたしたちからいつお金のことを言われるのか、いつ赤ちゃんの面倒をみることができないと言われるのかと心配していたそうです。

でも実のところは、最初の一カ月は、自分たちだけで頑張りきれるようなものではありませんでした。

後輩のお母さんによる手助け

退院する時はひとりでした。産科の先生が「ひとりで大丈夫なのか、誰か来てくれないのか」と心配してくれましたが、その日はカズキくんも休みがとれず仕事でした。だからひとりでサキを抱えて荷物をいっぱい持って退院したのを覚えています。アパートに戻ってくると、サキはミルクをあげても、オムツを替えても泣きやんでくれませんでした。サキの泣き声を聞くのが結構つらくて、その時はサキを抱っこしていて「これを落としたらもう終わるのに」と思いました。

カズキくんとふたりだけでやっていけるのかと出産の前から心配し、もし大変だったら一緒に住めばいいからと言ってくれていた人がいました。施設にいた時の後輩のお母さんです。自分の子どものようにわたしを可愛いがってくれて、わたしが自分の生い立ちも話して、「お母さん」のように慕っていた人です。つわりが酷《ひど》かったときには、たびたびアパートに来てくれて、いろいろと助けてもらいました。

だからこの時もすぐに、その人に電話をかけました。どうしていいかわからないと訴えると、「いますぐ荷物をまとめて家においで」と言ってくれました。もう本当にどうしていいかわからなかったので、荷物を持って生まれたばかりのサキを抱えてその人の家に行きました。

カズキくんは仕事から帰ったら家にわたしたちがいないくて、「どこにいるの？」と電話をかけてきました。それで後輩のお母さんのところに来てほしいと伝えました。カズキくんの中では、なぜ自分もその人のところに行かなければならないんだろうという思いがあったかもしれません。でもカズキくんは、あまり深く考えるタイプではないので、わたしに言われるがまま自分の荷物をもってその人のところへ来てくれました。

その日からサキとカズキくんとわたしの親子三人で一カ月ぐらいその人の家でお世話になりました。その人のだんなさんも優しい人でした。カズキくんは、お弁当をつくってもらい、その人の家から一ヶ月くらい会社にかよいました。そしてその間に、わたしもカズキくんも育児についていろいろと教えてもらいました。

その人との訣別《けつべつ》

一カ月ぐらい経ってお姉ちゃんから、「もうそろそろ自分たちでやった方がいいよ」と言われました。他人なので長く居続けると、家賃や食費、光熱費など生活費の問題が生じると思うから、そうなる前に自分たちのアパートに戻った方がよいということでした。それで、育児のやり方もある程度、覚えたからということで自分たちのアパートに戻りました。

その後、その人とはいっさい連絡をとっていません。というのもアパートに戻ったあと、その人から「いい仕事があるんだよ」と電話がありました。自分たちで生活をしていくためにわたしも仕事をしなければならないと思っていたので、その人に会って話を聞こうと思い指定されたホテルに行きました。すると、「この書類に名前を書いてハンコを押せばいいだけだから」と書類を出されたんです。すごく怪しかったのでお姉ちゃんに相談したら、その人とは縁を切りなさいと言われました。それで携帯電話の番号も変えて、その人との関係をバスッと切りました。わたしはこれまでも友だちとの間で、関係を切らなければお互いのためによくないと思うとバスッと関係を閉じることがあったので、この時もそういう感じだったと思います。

性格のよいカズキくんは何か怪しいと思っていても、その人にはすごく頼ってお世話になったので、その人を前にしたら断れなくなってしまいそうな気がしました。だから関係を切るならわたしが切るしかないと思ってそうしました。

ワンオペ育児の限界

育児のことは、その人からいろいろと教えてもらっていたので、そのあとは、とにかくひとりで頑張りました。というのも、その頃、カズキくんは仕事が忙しくて、わたしが寝ている間に仕事に行って、わたしが寝る時にもまだ仕事から帰っていないという感じで、すれ違いの日々でした。だから、とにかくひとりで頑張ってサキを育てなければならないと思っていました。

そうこうしているうちに、自分の中でいっぱいいっぱいになってしまいました。それでカズキくんが休みの日に、朝まだカズキくんが寝ている間に、サキを置いてひとりで家を出ました。携帯の電源をずっと切ったまま友だちと夜遅くまで遊んで、そして家に帰りました。一日中、サキの世話をひとりで経験したカズキくんは、「育児ってこんなに大変なものだと思わなかった」とわかってくれました。それからは、いろいろとやってくれるようになりました。

その頃は、まだお義父さんやお義母さんに気軽に相談できませんでした。この出来事があってからカズキくんは、「俺が帰ってきたら、夜中は全部、サキのことをみるから」と言ってくれて、実際に、夜中にミルクをあげたり、おむつを替えたりしてくれました。わたしがイライラしていると、サキをとりあげて「ちょっと離れたほうがいい」と言ってくれることもありました。

そうやってカズキくんに助けられながら、徐々に落ち着いて子育てに向き合えるようになっていくと、施設でお世話になった保健師さんや、担当職員さんに電話をかけて相談することができるようになりました。

お義父さんお義母さんとの関係

カズキくんのお義父さんやお義母さんには、気軽に相談できないどころか、結婚した当初は敬語でしかしゃべることができませんでした。会っている時も電話の時も敬語です。

ある時カズキくんから、「ユウが敬語を使うと、俺の親も敬語を使うから壁ができる。敬語をやめてそのまんまのユウを見せたほうが、俺の親もそのまんまのユウを受け入れると思う」と言われました。それでお義母さんに電話をかけた時に勇気を出して、「お義母さん、あのさぁ、相談したいことがあるんだけどぉ」と言いました。そしたらお義母さんも「なぁに？」と気安く言ってくれました。

その後、思いきってお義父さんとお義母さんにアパートに来てもらい、カズキくんもいるところで小さい頃に継父から受けた虐待のことをすべて話しました。全部話し終えたあと、お義父さんが、わたしたちが結婚する前に、施設長の先生にわたしがどのような子なのか聞いたことがあったという話をしてくれました。その時、先生は「聞かない方がいいと思います。たぶん付き合っていくうちに、ユウがどんな子であるかわかりますから。本人が言いたくなったらしゃべりますから」と返事をされたようです。

お義父さんはわたしの話を聞いて、その時の先生の言葉の意味がわかった、先に聞かなくてよかったと言ってくれました。さらに、「もし先にいろいろ聞いていたら、そのままのユウちゃんを受け入れられなかったかもしれない。ユウちゃんがどういう子なのかっていうことは、付き合っていく中で自分の目で見てはっきりわかった」とも言ってくれました。

わたしは自分と同じ年代の人なら、男性であっても全然、大丈夫ですが、中年の男性と一対一で対面になると、なんだか心臓をギュッとつかまれるというか、なんかどうしたらいいのかわからない抵抗と、なんか怖さというか、ちょっとそういう微妙な空気感になります。だからお義父さんには、嫌いなわけじゃないけれど、ある程度の距離を保ってほしいと伝えました。お義父さんには申し訳ないのですが、たとえば「よく頑張ったね」と肩をポンと触られたりすることにすごい抵抗感があります。

いまはお義父さんが近づきもせず、遠すぎもせずという距離感を自然に保ってくれるので、お義父さんとふたりっきりで出かけたり、ご飯を食べに行ったりするのも大丈夫です。何よりもうれしいのは、お義父さんが、周りの人と話をする時にわたしを「嫁」とは呼ばず、「娘」と呼んで話をしてくれることです。たとえば周りの人が「カズキの嫁はいい子だね」とほめてくれると、お父さんは「そうだ、うちの娘はいい子だ」と言い換えて話をしてくれます。お義母さんは、「わたしはユウちゃんと母娘《おやこ》みたいな関係になりたいから、一生、一緒に暮らさない」って言います。一緒に暮らして、嫁姑の関係になりたくないと言っています。

お義父さんは、カズキくんの弟さんのところにもわたしのようなお嫁さんがきてくれたらいいのに、とまで言ってくれます。でもお義母さんは少し違っていて、「ユウちゃんみたいなお嫁さんはカズキのお嫁さんだけで十分」だと。いまでは、お義父さんやお義母さんになんでも相談できるし、なんでも言えるし、言いやすいです。時には喧嘩もできます。

「おばあちゃん」としての母

退院してからお母さんをサキに会わせるかどうかでとても悩みました。わたしとお母さんの関係を、そのままサキとおばあちゃんの関係に押しつけていいのかと悩み始めたのです。サキのおばあちゃんは、私にとっては憎しみが残る大嫌いなお母さんです。でもそのことを理由にして、サキとおばあちゃんを引き離す権限をわたしは持っていないのではないかと思いました。憎しみはわたしとお母さんだけの問題であり、子どもの立場になって考えると、サキが育つ上でおばあちゃんという存在は必要であると思いました。サキがお母さんに会うことは、サキがおばあちゃんに会うことだと考えて自分を納得させるようにしました。

サキを産んだ頃は、お母さんが私の家から歩いて二十分ぐらいのところに住んでいました。そのようなこともありお母さんは、一週間に三回ぐらい、サキに会うためにわたしの家に来ていました。出産のあと子育てを手助けしてくれたご夫婦との関係を絶ってからのことで、サキが歩くか歩かないかといった時期だったと思います。次女のミズキが生まれて、カズキくんの実家に近いいまの家に引っ越してきたのはサキが三歳の頃だから、お母さんが頻繁《ひんぱん》にサキに会いにくるのは二年ぐらい続きました。

友だちは、お母さんに来てもらったら、おむつを交換してもらえたり、子どもを預けてちょっと一時間ぐらい出かけたりできると言います。でもわたしの場合は、お母さんが病気なので、ちょっと子どもを見ておいてほしいと頼んだりはできませんでした。お母さんが来てくれても、とくに育児の手助けをしてくれるわけでもないし、逆にお母さんの分までお昼ごはんをつくらなければいけないし、お母さんがやって来る日は育児とお母さんの面倒をみるような感じで二倍忙しい思いをしました。

それでもサキはケイおばあちゃんが大好きだったので、わたしはサキの気もちを優先させました。自分の感情を押し殺すというか、自分の母親への思いは考えないようにしていました。ある時、お母さんがサキに接している姿を遠目に見ていると、お母さんの背中が小さく見えました。なんだか本当に小さく、小さくなったなぁと感じました。その時、もしかするとお母さんは、わたしが幼かった頃も、こうやってわたしと遊んでいたのかなと思いました。

次女ミズキの誕生

サキを産んでから二年経って、次女のミズキを長女の時と同じ産科の病院で産みました。ミズキを産む時もお母さんは病院に来てくれましたが、ミズキの時は、お母さんは何もしませんでした。サキの時に陣痛でつらい思いをしているわたしの体をさすって、お母さんはわたしからひどく怒られているので、ミズキの時は怒られないように初めから何もしなかったような気がします。

わたしが入院している間は、サキもカズキくんも病室で寝泊まりしていたように思います。お姉ちゃんも手伝ってくれていたと思うのですが、カズキくんは銭湯に行って病院で寝て、病院から仕事に行っていました。看護師さんがカズキくんの出勤時間に合わせて朝、鍵を開けてくれて、夜は帰ってくる時間を告げて鍵を開けてもらっていたように思います。カズキくんは、朝、病院の先生たちから「いってらっしゃい」という感じで送り出してもらっていました。ミズキの時も前駆陣痛《ぜんくじんつう》があった時点で前もって入院したので、病院にいたのは全部で十日間ぐらいです。

先生はサキのことを覚えていて「大きくなったなぁ」と言ってくれました。助産師さんは「二四時間三六五日、赤ちゃんを抱いていたのはあなただけだったから覚えている」と言ってくれて、次女の出産の時もこの病院を選んで間違いなかったと思いました。

ミズキを産んだあと、お義父さんとお義母さんの勧めもあり、思い切ってカズキくんの実家の近くに引っ越しました。お義母さんに子育てを教えてもらうと、長女の時は、子育てにずいぶん余分な力が入っていたことに気がつきました。たとえばサキの離乳食では、野菜をおとなの食事とは別にゆがいてからすりつぶしていました。けれどお義母さんに、おとなの食事から取り出してすりつぶしてもいいんだよと教えてもらいました。また母親になるということは、赤ちゃんとスタートが一緒なんだから、最初から母親にならなければと頑張って母親をする必要はないということも教えてもらいました。お義母さんの話を聞くだけでなんだかリラックスできました。

優先順位はまず子ども

自分の子どもに対して、お母さんみたいな接し方は絶対にしないでおこうと強く思っていました。実際にお母さんが何を思って子育てをしていたのかはわかりませんが、とにかく「あの時はああするしかなかった、あの時はこうするしかなかった、だから仕方がなかった」と自分の子どもに言うのは、間違っているとずっと思っていました。

どのような時にも、優先順位はまず子どもにしようと決めていました。わたしがどうしたいのかではなく、この子がどうしたいのか、この子のために何を最優先しなければならないのかと考えました。

「この子のために」という時の「この子」というのは娘たちですが、なんだかそこには、いつも娘と同じぐらいの年齢《とし》のわたしがいるんです。「この子のために」という時、子どもの頃のわたしが基準になっていて、このような時に、わたしはお母さんになんて言ってもらえたら嬉しかったんだろう？　何に気づいてほしかったんだろう？　どのようにしてもらえたら安心できたんだろう？　といつもそのように考えていました。

たとえば、わたしとカズキくんの関係が冷めてしまったとしても、サキやミズキが「パパ、人好き」というのであれば離婚はしない。逆に、わたしがカズキくんのことを大好きでも、子どもにとってカズキくんがよいパパでなくなったら離婚をする。友だちに考え過ぎじゃないかって言われるぐらいに、いつもいつも子どもを第一に考えなければならないと思っていました。

優先順位をまず子どもにするために、いろいろな人にたくさん相談するようになりました。わたしが決めたことが本当に子どものためになっているのか、サキやミズキにはもっとほかの選択肢があるのではないかと思い、わたしがこうだと思っても、すぐ決めずに施設の職員さんなど周りの人の意見も聞いてから決めるようになりました。周りの人というのは、わたしが信用している人、つながりの深い人のことです。

二人三脚の子育て

子育てではカズキくんのサポートが大きいです。施設の職員さんにも相談しますが、まず相談するのはカズキくんです。ひとりで悩むということはなくなりました。カズキくんはわたしが悩んでいることをなんでも聞いてくれます。

子育てをしていると、いつも笑顔でいることはできません。子どもが悪いことをしたら叱りますし、時には頭ごなしに怒ってしまうこともあります。わたしが怒りすぎていると、カズキくんが「落ち着け」みたいにわたしの肩をポンポンと叩いて、「俺が言うから」とわたしに代わって子どもに話をしてくれます。

カズキくんも子どもに怒ってしまったら、あとでお互いに「さっきの怒り方まずかったかもしれないね。もっと違う言い方ができたかもしれないね」と反省します。カズキくんとは、できるだけふたりして子どもを叱ることは避けようと決めています。たとえばわたしが子どもを叱ったら、カズキくんはそのあとのフォローをする。子どもには逃げ道をつくっておいてあげようと思っています。

子どもに届けたいメッセージ

子どもというのは、嫌なことや苦しいことがあった時に、親に言いたくてもなかなか言えないように思います。でも言葉にして言えないだけで、絶対に何かのサインを出しているはずです。たとえばご飯を食べる量がいつもよりちょっと少ないとか、「おはよう」と言う時の声のトーンがいつもよりちょっと低いとか、そういうことがあるはずなんです。

それに気がついた時に、きょうは元気がないから声が低かったんだとわたしの中で納得するだけで終わるのか、「あれっ？　ミズキちゃん、きょうは声のトーンが低いね。何かあったの？」と実際に言葉にして言うのとでは、随分《ずいぶん》、違うように思います。だから、サキやミズキからすれば、多少うっとうしいのかもしれませんが、わたしは気になることがあるとすぐに尋ねるようにしています。

わたしが尋ねた時、わたしが心配しているだけで実際には何もなかったかもしれません。もし何かあって何か言ってくれれば、解決の手助けができるかもしれません。もちろんわたしが尋ねたからといって、必ずそのタイミングで話をしてくれるとは限りません。でもその時には何も言ってくれなくても、「ママはあなたたちのことを見ているよ」というメッセージは伝わると思い、そうしています。

わたし自身はお母さんにこのようにかかわってもらった覚えがありません。だからたぶん、このようなことは、施設の職員さんがわたしにしてくれていたことなんだと思います。

わが家は五人家族

わが家は、カズキくんとわたし、そして長女のサキ、次女のミズキの四人です。でも気持ちはいつも五人家族です。生まれてこなければ家族ではないと考えてしまうことに複雑な思いがあります。サキやミズキには、「お兄ちゃんなのかお姉ちゃんなのかわからないけれど、あなたたちにはもうひとりきょうだいがいたんだよ」という話をしています。産めなかった子どもが生まれることになっていた時期になると、その子のことを思い出して、カズキくんと「そろそろ誕生日だね。生まれていたらもういくつだね」というような話をしています。病院でその子を堕ろす手術を受けた日は、わたしとカズキくんにとって、いまでも特別な日です。

わたしたちが生まれてこれなかった子どものことをいつまでも思い出して話をするので、いまでもたまにお義母さんから「そろそろ忘れてくれないかなぁ、ユウちゃん」って言われることがあります。わたしは「忘れられるわけないでしょ」ってさらりと返します。お義母さんとしては生まれてこなかった子どものことを聞くと責任を感じるみたいです。

周りの人からも、もうそろそろ肩の荷を下ろしてもいいのではないかと言われます。でもいまわたしたちは、その子が生まれてくることができなかったということを、ものすごく悲しい出来事であるというよりも、いまは、「あの子も生きていた時があったんだね」ととらえて話をしている感じがします。

第４章　娘たちと一緒に育つ

ゆらぐ子育ての責任

子どもが中学生ぐらいになると、どこまでを自由にさせて、どこまでを保護すればよいのかと悩むようになりました。親から縛られすぎると、子どもは思いどおりにならない閉塞感や不満を抱くかもしれない。けれど、まだまだ親が縛らなければならないところもあるはずなので、保護をすべてやめることはできない。このように考え始めると、自由と保護のさじ加減をどうすればよいのか悩ましくてカズキくんとよく話をしました。

子どもには子どもの世界があるから、親がかかわりすぎてサキやミズキが子どもの世界からとり残されてはならない。でもだからといって親としては、周りの子どもがしていることはなんでも同じようにしてよい、と簡単に許すわけにもいかない。そしてそうやっていろいろ考えていても、いざわたしたちのさじ加減が間違っていた時に、その責任はどうやってとればよいのだろう、そもそも責任をとることなどできるのだろうか。悩むことがどんどん増えていきました。

だから、施設長の先生や職員さんたちがサキやミズキを見て、「よい子に育てたね」と言ってくれても、いつもわたしたちの中では「まだまだ、まだまだ」という気もちがありました。カズキくんもわたしも、「親になるにはまだまだ、人間としてもまだまだ」と思っていて、頑張らなければならないことや、考えなければならないことがまだまだいっぱいあるという感じです。

子どもにとっての「よい親」

わたしは世間一般の人にどのように思われているのかということをあまり気にしません。それはわたしにとってたいした問題ではないからです。大事なのは、自分が信じているつながりの深い人たちが、わたしのことをどのように思ってくれているのかということだと考えています。わたしが世間一般の人に対して、よい妻に見えるようにしよう、よい嫁に見えるようにしようと頑張っても、実際に付き合う大切な人たちがそのように思ってくれなければ、その頑張りはなんの意味もないことです。よい妻であるとか、よい嫁であるとかということは、わたしが頑張った結果で決まることではなくて、カズキくんが「俺はユウと結婚してよかった」とか、お義父《とう》さんやお義母《かあ》さんが「うちの嫁はよい嫁だ」と思ってくれることで決まるのだと思います。よいとか悪いとかは、自分の大切な人たちが決めてくれることだと思っています。

わたしが世間一般の人によいお母さんであるかのように見せようとすることも、娘たちにはなんの意味もないことだと思います。たとえ世間一般の人からどのように見えていても、世間の人から何を言われていても、大事なのは、サキやミズキが「ママでよかった」「ママが頼りになる」と感じてくれているかどうかなんだと思うようになりました。

時々、もしかしたら娘たちは、わたしではない母親のところに生まれてきた方がよかったと思っているのではないだろうかと不安になって、「ママといてよかった？　ママと一緒に生きてきてよかった？　ママと一緒にいて幸せ？」と聞きます。サキやミズキが「幸せだよ」って言ってくれるのでホッとします。

なんて幸せな子たち

幼い頃にお母さんと一緒に過ごした記憶がなくなっているのに、継父からされたことは、なぜかずっと鮮明に覚えています。わたしも子どもを産んで母親になり、虐待を受けていた当時からもう二十年以上も経つのに、つい昨日まで継父から虐待を受けていたような感じがいつもしています。記憶を全部消すのが難しかったとしても、せめて曖昧《あいまい》な記憶になればすごく楽になれると思うのに、継父の顔も名前もはっきりと覚えています。

だからいまでも夜、寝る前の時間がわたしの中ですごく怖いです。寝室が二階にあるので、わたしと子どもたちがカズキくんより先に二階の寝室で横になっていると、あとからカズキくんが階段をのぼってくる音が聞こえてきます。それがカズキくんの足音だとわかっていても、足音が聞こえてくると怖くて不安になります。

そうやってわたしが怖くて胸が押しつぶされそうになっているのに、娘たちは安心して幸せそうにすやすやと眠っています。すると、泣いている小学生のわたしが出てきて、この子たちはなんて幸せな子たちなんだろうと、自分の娘なのに、第三者のように思うことがあります。

またご飯の時、娘たちはパパが食べ始める前であっても、「いただきま～す」と言って勝手に食べ始めます。その光景を見ているだけで娘たちを羨《うらや》ましいなぁと思います。娘たちがパパより先にご飯を食べてもお箸がとんでこないからです。子どもの頃、お姉ちゃんやわたしが継父より先に勝手にご飯を食べたら、継父からお箸がとんできました。パパより先にご飯を食べるというだけの、どこにでもある暮らしのひとコマを見て、ただただ素直に娘たちが羨ましいなぁと思います。

娘たちに教えてもらうこと

絶対に自分の子どもに虐待をしてはいけないという思いが、いつも強く私の中にあります。自分が継父からされたことを鮮明に覚えているからなのか、あの思いを子どもにさせたくない、させてはいけないと思っています。

それなのに娘を怒りすぎてしまうことがあります。そのような時には、反省、反省、ただただ反省して落ち込んでしまいます。それでしばらく時間が経つと、サキやミズキに

「嫌だったよね、怖すぎたよね」「ママ、怖かったでしょう？　ママ、怒りすぎてたでしょう？」って聞いてしまいます。そして、「ママが感情的になって無駄に怒った時は、『ママ、無駄に怒ってる』と言ってね。そしたらママはピシャッとやめるから」と娘にお願いします。すると実際に娘たちが教えてくれます。わたしが怒り始めようとして、「サキちゃんさぁ」とか「ミズキちゃんさぁ」と言った時点で、「ママ、その言い方、まじに怖いから。無駄に怒ってる」と言ってくれるようになりました。

かつて見た光景

わたしは自分のお母さんに対して、ずっと「親でしょ。親なんだから」と思い続けてきました。どのような理由があったにせよ、なぜわたしを育てることができなかったのか。すごく大変で、すごく悩んでいたかもしれないけれど、それでもやっぱり親じゃないか、という思いがありました。その思いは、わたしを置いて児童相談所をあとにする母親の背中を見たあの日から消えることはありませんでした。でも娘たちが思春期を迎えて、親として悩んだりとまどったり考えたりすることが増えていく中で、「親でしょ。親なんだから」ではなくて、ふと「親だから」なのかなと思うようになりました。

ちょうどその頃、親友がわたしのお母さんと同じ経験をすることになりました。サキと同い年の親友の娘さんが、他人の物を盗ったり、家出を繰り返したりするようになりました。親友がそれをたしなめると、娘さんは母親である親友に対して罵声《ばせい》をあびせるようになり、親友は困り果てていました。中学校の先生にも相談していたみたいですが、「親の愛情が足りないのではないか。もっと子どもに目を向けてほしい」と逆に責められるような感じで、「やれるだけの努力はしているのに、子どもは応えてくれない……、もう娘を殺すしかない」と、かえって追い詰められていった様子でした。

親友から相談を受け、直接、娘さんから話を聞こうと思い会いにいきました。娘さんは、まるで当時のわたしの丸写しを見ているような感じでした。なんの感情もないし、母親に対して憎しみの塊《かたまり》みたいでした。そして親友が、「娘を殺して自分も死ぬしかない。毎日、毎日、自分の子どもをどうやって殺せばいいか考えているのだけれど……」と吐露《とろ》した時、自分自身でもびっくりしたのですが、「児童相談所に相談しに行ったら」という言葉が飛び出したのです。あれほど自分がされて嫌だったことをすんなり親友にすすめている自分に驚きました。

同時に、わたしのお母さんの姿がフラッシュバックのようによみがえりました。もしかしたらお母さんも、なすすべもなく行き詰ってしまい、本当は愛さなければならないはずのわが子を愛することができないという葛藤の中ですごく苦しんでいたのかもしれない。それを思った時、こんなに悲しいことはないし、こんなに苦しいことはないと胸が締めつけられる思いでした。そしてまったくの憶測でしかないのですが、お母さんもこうやって誰かに相談して誰かにアドバイスをもらって、わたしを児童相談所に預けることにしたのかもしれないと思ったのです。

わたしの言葉を聞いて、「児童相談所に相談しに行ったら、子どもを持って行かれるでしょ!?　娘は施設に預けられてしまうでしょ!?」という親友に対して、「それでいいよ」とさらに言葉を重ねて児童相談所に行くことをすすめました。迷うことなく、「わたしも一緒に児童相談所に行くから、とにかく相談しに行こう。自分の子どもをどうやって殺そうって考えるぐらいになっているのだから、児童相談所に行こう」と言って、親友と娘さんを車に乗せました。

怠ってはならない子どもへの説明

そうやって親友と娘さんを車に乗せた時、はたと悩みました。このまま何も言わず車を走らせれば、娘さんはあの時のわたしと同じになると思ったからです。何も聞かされずに児童相談所へ連れて行かれて、そのままその日のうちに母親と引き離されてしまうことになりかねません。もしあの日、わたしが誰かにきちんと説明をしてもらって児童相談所に連れて行かれていたなら、もしかしてわたしの受けとめ方は少し違っていたのかもしれないと思いました。

それでわたしは親友の娘さんに向かって、「突然やってきて間に入ってこのおばさん何しゃべってんだよ、と思っているかもしれないけれど、おばさんは自分の中学生の頃を見ているような感じなんだ」と話し始めました。そして施設で生活したことも含め、自分の経験を娘さんに話しました。すると娘さんが泣き始めたんです。それには親友もびっくりしていました。何の感情もないように見えていたけれど、泣くんだ、泣けるんだとわたしも思いました。

娘さんに向かって「家を離れたくないと思うのはあたりまえだろうけど、でもたぶんいまは離れるのが一番だと思う。だから一緒に児童相談所に行こう」と促しました。こうやって娘さんに行き先を伝えた上で、児童相談所に向かいました。

やっとの思いで一時保護

児童相談所に行けば親友の娘さんは、その日のうちに母親と引き離されることになるだろうと思っていたのですが、実際にはそのようになりませんでした。児童相談所の先生は親友に向かって、「お母さん、子どもさんは『お家に帰りたい』と言っています。とりあえずきょうはいったん子どもさんを連れて帰ってください」と言うではありませんか。わたしには意外すぎて、相談の当事者でもないのに思わず横から、「えっ?! いや、毎日、自分の子どもをどうやって殺そうかって考えているお母さんに向かって、子どもを連れて帰ってくださって言うのですか?!」と児童相談所の先生に詰め寄ってしまいました。

親友の様子からまだ改善の余地があると思って判断された言葉だったのかもしれませんが、わたしには、「自分の子どもを殺すかもしれない」と震えながら泣いて訴えている親友の姿がなぜそのように見えるのか理解できませんでした。「このまま家に帰ってどうやって子どもと向き合えばいいんですか?!」と親友に代わってわたしが尋ねると、「何もしゃべらず、何も怒らず、ただただ見守ってください」という答えが返ってきました。

お子さんを連れて帰ってくださいと言われた瞬間、親友は震えて立てなくなっていたのですが、親友を抱きかかえるようにして車に乗せて娘さんも一緒に親友の家まで送り届けました。でもその日の夜に親友が泣きながら電話をかけてきて「もう無理」と言うので、急いで児童相談所に電話をかけました。児童相談所としては一時保護をまったく考えていなかったわけではなく、しばらく様子を見るつもりだったようで、結局、その日の夜に児童相談所の職員さんが来てくれて親友の娘さんは一時保護されました。

ゆれる気もち

娘さんが一時保護されたあと、親友はすぐにわたしに向かって、「自分の子どもを殺さなくて済んだということにホッとした」と言いました。そして、児童相談所に相談しに行ったら自分の子どもを持って行かれると言ったことを謝りながら、「ユウが児童相談所に連れて行ってくれなかったら、たぶんわたしは自分の娘を自分の手で殺していた」と言うのを聞いて、思いきって児童相談所に行ってよかったのかなと、その時は思いました。

でも時間が経つにつれて悩み始めました。わたしは自分の子どもではなく、他人の子どもだから、児童相談所に行くようにとアドバイスをすることができたのではないか。わたしが親友母娘《おやこ》を引き離してしまったのではないか。わたしのやったことは正しかったのだろうか。親友母娘に児童相談所に行くことをすすめたという自分の罪悪感から逃れられなくなりました。わたしがもっと手前のところで、もっとかかわっていれば、母娘の関係も違うものになっていたのではないかと自分を責めてしまう気もちがどんどんふくらんでいきました。

親友も同じでした。たしかに一時保護の直後はホッとしたみたいですが、しばらく経つと、自分の子どもを手放したことについてすごく葛藤していました。この頃は、多い時だと一週間に一回は親友と会って話をしていました。わたしも親友と同じことを同じように考え、悩み、葛藤していました。同時に、自分の子どもを手放せたということはすごいことだと親友に言っているわたしがいました。

「親は、自分の子どもを手放すのが怖すぎて、本当は離さなければならない時に、離すことができなくて過干渉や過保護になってしまっているのではないか。子どもの巣立ちを考えたら、心を鬼にして自分から子どもを離さなければならない時があるのかもしれない。わたしも娘がいろいろな人に出会って、いろいろな人の考えに影響を受けて巣立っていってほしいと思っている。でも、わたしはまだ離すことができていない。けれど、それをしているということはすごいことなんだよ」。

親友の前ではこのように言えても、家に帰ってくると、あれでよかったのかと悶々《もんもん》としていました。ずっと気もちはゆれ動いていましたが、親友と話をしていると、わたしのお母さんは、わたしのことが面倒くさくなって、自分が楽になりたいからわたしを施設に預けたのだろうと思っていたけれど、もしかしたらそうではなかったのかもしれないと思うようになりました。自分の子どもを愛することができなくなっているという葛藤の中で、苦しんで苦しんで苦しみぬいた時、わたしを護《まも》る、わたしが幸せになる方法として、わたしを施設に預けるという選択肢しかなかったのかもしれないと思いました。そしてお母さんもまた、「子どもを預けて終わり」ではなかったように感じました。

親友の娘さんが中学校を卒業する時、親友はわたしのお母さんと同じ選択をしました。娘さんを家に戻さないと決めたのです。それを決めた時、親友は、「いまは戻ってくるべきではない。いま戻ってこられてもまだ準備ができていない。いま戻って来てもあの子のためにならない。子どもはずっと親を頼って生きていけるわけではない。親はいずれいなくなるのだから、親は自分の子どもの将来にずっと責任なんて持てない。だから親を頼らなくても生きていけるように、あの子のために、わたしは家に戻さない」と言ったんです。それを聞いて、「わたしのお母さんもそう思ったのかなぁ?」と言うと、「わたしはそう思ったと思う」と親友が言いました。

わたしだからこその子どもの目線

この親友だけでなく、わたしが継父から虐待を受けたことを知っている友だちは、わたしと出会えて幸せだったと言ってくれます。「本当はこんなことを言ってはいけないのかもしれないけれど、ユウのような経験をしている人に出会えたということは、すごい偶然で、すごく幸せなことだと思っている。ユウが子ども時代につらい経験をしてきたから、どんな時にもユウは子どもの目線で話をしてくれる。そしていつも子どもの目線でガツンと言ってくれる。子どもの目線を忘れそうになった時に、ユウがそれを思い出させてくれる」。

このように言ってくれる友だちがいると、わたしのつらい経験にも何か意味があったのかもしれないと考えるようになりました。わたしは、友だちが「うちの子ども、何を考えているのかわからない」と困った時に、「もしかしてこう考えているんじゃない？」と言うために、いろいろな経験をしてきたのかなと思っています。

いま親友は、「ユウには感謝しかない」と言ってくれます。「当時は、自分の子どもと一緒にいて自分の子どもをかわいいと思ったことがなかった。どうやったら死んでくれるのか、どうやったらいなくなってくれるのか、そんなことしか考えられなかった。だけど、離れてから娘を見た時に、かわいいなぁ、あぁ殺さなくてよかった、って思えた。そうやって思える関係性をつくってくれたのはユウだから」とも言ってくれました。

いろいろあってよい子育ての方法

親が頑張って子育てをすることがあたりまえであり、大事なことだと思って娘たちを育ててきました。それなのに、高校二年生になったサキと中学三年生になったミズキが、「親が育てることになんの意味があるの？」と尋ねてきたんです。あまりに突然だったので、一瞬、娘たちはいったい何を言い出すのかと驚きました。

「どうして突然、そんなこと聞くの?」と娘たちに尋ねると、「ママってすごく幸せだと思うんだ。だってママはお母さんだけに育てられたわけじゃないでしょ。施設の先生とかもいるでしょ。何か困った時にさぁ、ママっていったい相談できる人がなん人いるの?」と言って、ふたりで「ママって幸せだよね」とうなずき合いました。続けてサキが「だってさぁ、わたしがね、もし将来、結婚して子どもができて困ったことがあった時に相談できるのってママでしょ、パパでしょ、おじいちゃんとおばあちゃんでしょ。もう片手で終わるよ。ママ数えてみてよ。なん人になるの?」と言われました。「あぁ、そうだね」と言った時、これまで親が育てなければ、親なんだから育てなければ、と思っていたわたしですが、子育ての方法はいろいろあるし、あっていいんだと思いました。

自分で決められること

児童養護施設で育ってきたことを隠す人たちもいます。でもわたしは、児童養護施設で育ったわたしも、親のもとで育ったわたしも、わたしだと思っています。育ててくれた人は違うかもしれないけれど、育ってきたのはわたしです。わたしは児童養護施設で育ちました。

だからわたしはいろいろな人に出会って、たくさんの相談できる人がいて、いまもたくさんの人に囲まれています。わたしは児童養護施設で育ったからといって、不幸でもなくかわいそうでもないと言いたいです。

親友の子どもが親と離れて施設に入ったからといって、わたしと同じように考えるとは限りません。施設で育ったから自分は不幸でかわいそうだと思うかもしれません。施設に入るということは、その事実だけでよかったとか悪かったとか言えることではないように思います。施設で育ったということがどのような意味をもつのかは、結局、親友の子どもがこれからどう生きるのかにかかわってくるのだろうと思います。

サキやミズキには、「生きていれば、自分の身に嫌なことが起きることもあれば、苦しいことが起きることもある。でもいま起こっていることが人生のすべてではないよ」と話しています。いま起きていることは、これから生きていく中で、よい方にも悪い方にも変えていけると思っているからです。だからいつも私は、「サキやミズキが幸せか幸せでないかはママにはわからない」と言っています。それは、わたしが決められることではなくて、生きていく中で「あぁ、わたしの人生は幸せだなぁ」とか「わたしの人生はなんて不幸なんだろう」とかいうように、娘たち自身が決めていけることだと思っています。

覚えていないのがあたりまえ

長い間ず〜っと、わたしの中に幼い頃の記憶がないということがものすごく気になっていました。きっとお母さんに愛されていなかったから、わたしには幼い頃の楽しい記憶がないんだと思ったり、逆に、それを思い出せば、お母さんに愛されていたと思えるかもしれないと考えたりして、幼い頃の記憶を思い出さなきゃ、思い出さなきゃと必死で考え続けてきました。でも思い出せなくて、苦しい思いをしてきました。

娘たちにはそのような思いをさせてはならないと考え、娘たちを連れて家族でいろいろな所へ遊びに行って楽しい思い出づくりをしてきました。一歳のお誕生日には、まだ食べられないとわかっていても、思いっきり大きなホールケーキを買ってきてお祝いをしたりしました。楽しかった思い出をいっぱい記憶に残してほしいと思い、そうしてきました。

それなのに、「えっ⁈　みんなそうだったの⁈」と痛感させられる出来事がありました。サキとミズキに、「いままで生きてきた中で一番、楽しかった思い出ってなぁに？」と尋ねると「う〜ん、何だろう？」としばらく考え、ようやく「小学校六年生の時の……」みたいな話になりました。それで、「三歳や四歳の頃のことは覚えていないの？」って言うと、ふたりとも「覚えてない」と言うんです。「水族館へイルカショーを見に行ったでしょ。プラネタリウムにも行ったし、動物園でウサギさんやヤギさんにエサをあげたでしょう」と思い出せるように、わたしからいろいろな話をしても、ふたりとも首をかしげているだけで、そのうち首を横にふってもう一度「覚えてない」と言いました。

わたしには衝撃的な出来事でした。わたしがこれまで思い出さなければと必死になっていたことは、思い出す必要もなければ、思い出せるわけがなかったんだとふたりに教えられました。

苦しみながら生きている人間のひとり

サキやミズキは、よく友だちのことで悩んだり、疲れたりしています。でも「ママは最初からあなたたちを護らないよ」って言っています。いつもわたしが先回りをして娘たちを護ってあげると、娘たちは護られることに慣れてしまいます。護られすぎて傷つく機会がなくなってしまうと痛みに鈍感になってしまう。痛みに鈍感になれば、傷つくことにも鈍感になる。そうなれば相手を簡単に傷つけてしまうのではないかと思います。

傷つくことはすごく嫌なことだし、つらいことではあるけれど、自分が傷つくことで傷の痛みがわかるようになる。そうなれば相手を簡単に傷けることができなくなるし、傷ついている人を見たら、自然とその人を護ってあげようってなるのではないかなと思っています。

生きるということは、わたしにとっても娘たちにとってもよいことばかりに出会うことではなくて、むしろなんでこんな仕打ちをされなければならないんだと思ったり、なんで思いどおりにいかないんだろうって思ったりすることの方が多いのかもしれません。傷ついてつらくて苦しい思いをすることがたくさんあると思います。

その時に自分だけがこんなに傷ついて、こんなにつらい思いをして、こんなに苦しんでいると、誰かと比較して考えたくないんです。「自分の方が」「自分だけが」「自分ばかりが」というように誰かと比較しても仕方がないと思うようになりました。その人が受けた傷は、周りから見れば小さくても、その人にとって大きければ大きいし、深ければ深いのです。自分だけが酷《ひど》く傷ついているわけではない。いまサキやミズキにはこのように伝えたいと思っています。

「この世の中にはたくさんの人がいて、悩んだり傷ついたり苦しんだりしている。サキやミズキもそのたくさんの中のひとりで、そのたくさんの人の中にはママもいる。ママもそうやって悩んで、傷ついて、苦しんで生きてきた。でも笑っているよ。生きているよ」と。

PART II 母を語る

インタビュー
1

わたしの中のふたりの自分

筆者：ユウさんとお母さんの関係についていくつかお尋ねしたいことがあります。きょうはよろしくお願いします。
お話をうかがって「あの時、ユウちゃんが逃げたいと言わなかったら、お母さんは幸せだったんだよ」という言葉は、ユウさんとお母さんのその後の関係を大きく変えた言葉であると思いました。このほかにお母さんから言われたことで何か覚えている言葉はありますか？

ユウ：そう言えば物心がついた頃からずっと言われ続けていたことがあります。「お母さんは、ユウちゃんを産みたくて産みたくて、産んだんだよ」って。お母さんがわたしを産むことに周りの人たちは反対していたみたいなので、そのせいなのか、このことはなん度もなん度も聞かされました。お姉ちゃんもこのことはとてもよく覚えています。そんなこともあってか幼い頃のわたしは、何かあってもお母さんに言えば助けてもらえると思っていました。

筆者：何かあってもお母さんに言えば助けてもらえるという思いがゆらぎ始めたのは、継父から虐待を受けていることをお母さんに話して、「我慢してちょうだい」と言われた頃ですか？

ユウ：わたしが継父からされていることをお母さんに話した時、お母さんは一晩中ずっと寝ないでそのことを確認してくれました。それなのにわたしには「ごめんね。ごめんね。でも我慢してちょうだい」って言いました。すぐに助けてもらえなかったわけですが、そのことがきっかけでお母さんへの思いがゆらいだわけではないと思います。

いったんは「我慢してちょうだい」って言ったお母さんですが、継父に「もうやめてくれないか」って言ってくれたこともありました。するとお母さんは首根っこをつかまれて、家のそばを流れていた川に突き落とされそうになりました。それを見てわたしは、お母さんとお姉ちゃんの命を守ることができるのはわたししかいない。自分さえ我慢すればお母さんとお姉ちゃんの命を守ることができるって思いました。それで「わたしがなんでも言うことを聞くから。全部、我慢するから、お母さんとお姉ちゃんには何もしないで」と継父に頼み込みました。
この頃は、とにかくお母さんを助けてあげたかったんだと思います。わたしに何かあっても助けてくれると思っていたお母さんが、わたしを助けられないのなら、わたしがお母さんを助けてあげようって思っていました。

筆者：そうやって我慢し続けたけれど、とうとう我慢できなくなって、「ユウの命を選ぶのか、それとも、お母さんがそのまま幸せになるのか、どっちかを選んでほしい」と迫った時も同じ気もちだったんですか？

ユウ：そうですね。この時、確かにわたしは、もう耐えられないと思っていました。継父と一緒にいる時間が次第に長くなり、学校にも行かせてもらえなくなっていたので限界でした。でも自分だけが助かりたいとか、自分だけをどうにかしてほしいとかは思っていませんでした。
自分しかお母さんを護《まも》ることができないって思っていたので、とにかくお母さんを助けてあげたかった。わたしが継父のところにいることが条件で、お母さんとお姉ちゃんが継父から離れて安全な場所に行けるのであれば、それでもよいというぐらいの思いがありました。

筆者：自分を犠牲にしてでもお母さんとお姉さんを護りたいと強く思っていたんですね。だからこそ余計に「あの時、ユウちゃんが逃げたいって言わなかったら、お母さんは幸せだったんだよ」というひと言は衝撃だったでしょうね。

ユウ：そのとおりです。反抗期の絶頂だったこともあり、この衝撃は、お母さんへの執拗《しつよう》で過激な暴力の始まりになりました。誰もわたしをとめてくれる人がいないので、暴力はどんどんエスカレートしていきました。殴ったりナイフを突きつけたり……。当時はお母さんに「わたしの許可なく死ぬのは絶対に許さない。お前には生き地獄を味わわせる。一生苦しめ！」みたいなことを平気で言っていました。

施設に入ってからお姉ちゃんに、お母さんが精神病になったと聞かされた時も、自業自得だと思い、かわいそうだなんて全然、思いませんでした。「もっともっと痛いめにあえばいいのに、もっともっと傷つけばいいのに。わたしよりももっともっと苦しんで、もっともっと嫌なめにあえばいいのに」って思っていたからです。「もういっそのこと、わたしが死んでお母さんが泣けばいい……。いや、でもお母さんは泣かないで、むしろ笑うか」みたいに思っていました。

お母さんへのこのような思いは結婚してからもそれほど大きく変わることはありませんでした。お母さんに何かあった時のことをお姉ちゃんと話したことがあります。お姉ちゃんが「いろいろあったけど、お母さんに何かあった時にお金はどうする？」と尋ねてきたので、わたしはきっぱりと言いました。「いや、わたしはお金を出す気はないよ。なぜわたしがお母さんのためにお金を出さなければならないの！　お母さんのためにお金を出すのなら、娘たちのために使った方がいいよ」と。

筆者：ユウさんは小学生の頃、首からプラカードをぶらさげてお父さんの居所を尋ねてまわるというように、近所の人に助けを求めていました。長女のサキさんを出産されたあとも知り合いの人に助けを求めていました。でもお母さんには助けを求めなかった。それはやはりお母さんといろいろあったからですか？

ユウ：いろいろあったからということもあるのかもしれませんが、何よりも、子育てについてお母さんに相談しても「わからない」と言われるだろうと思っていました。サキを出産した時に助けてくれた人との関係を切った頃、お母さんは近くに住んでいたので、サキに会うために一週間のうちの半分ぐらいはわたしの家にやって来るようになりました。でも精神病を患《わずら》っていたので、育児の手助けをしてくれるわけでもないし、安心してサキを任せられるわけでもない。それどころかお母さんの分のお昼ごはんも作らなければならないので、結局、サキとお母さんのふたり分の面倒をみることになりました。そのような感じだったので、お母さんに相談しようとは思いませんでした。

それに自分の子どもには、お母さんのように「あの時はああするしかなかった、あの時はこうするしかなかった、だから仕方がなかった」っていうような接し方をしたくはありませんでした。だから、子どもへのかかわり方をお母さんから学ぼうとは一切、思いませんでした。子育てでお母さんに頼ることはまったくありませんでした。

筆者：お母さんが家に来ることで家事をするユウさんの負担がより大きくなったんですね。お母さんのサキさんへのかかわりはどうでしたか？

ユウ：お母さんが家に来ていたのは、サキが歩くか歩かないかぐらいの頃です。お母さんが家に来ると、三人で買い物に行ったり公園へ遊びに行ったりしました。そのような時、お母さんはサキによくかかわってくれました。

最初は、大嫌いなお母さんに自分の子どもを会わせることについてとても悩みました。でもふたりの姿を見ているうちに、お母さんに対するわたしの憎しみをサキにも押しつけていいのかと考えるようになりました。自分の中にお母さんに対する憎しみがまだ残っていて、お母さんが嫌いなのでサキからおばあちゃんを引き離したいと思っている。でも、たとえ母親であっても、サキに対してそのようなことをする権限はないと思いました。
　それにサキの育児には、おばあちゃんという存在が必要なのかもしれない。サキの立場で考えた時、サキにはカズキくんの方のおばあちゃんだけでなくケイおばあちゃんもいた方がよいと思い、個人的な感情をいったん横に置くようにしました。
　サキはおばあちゃんが大好きで、おばあちゃんに会うと「ケイおばあちゃん、ケイおばあちゃん」と言って寄って行きます。お母さんも「サキちゃん、サキちゃん」と言ってとてもよく遊んでくれました。お母さんがサキに接している姿を遠目に見ていると、お母さんの背中が小さく見えました。なんだかお母さんが、ちっちゃく、ちっちゃくなったと感じました。

筆者：ユウさんの大嫌いなお母さんは、サキさんの大好きなおばあちゃんでもあったということですね。

ユウ：そういうことですね。いまお母さんは、継父と連絡をとっていないけれど、時々、「ユウちゃんがわたしの幸せを奪った」って言う日もあれば、別の日には「昔のことは思い出したくない」って言います。お母さんの本当の意思がどこにあるのかよくわかりませんが、お母さんを女として見ればわからなくもない……。お母さんは、いまもまだ継父のことが好きなのかもしれないです。そのことは同じ女としてはわかるような気がします。

筆者：お母さんが昔のことを思い出したくないのは、思い出しても楽しい気もちになれないという予感があるからなのかもしれないですね。それに対してユウさんは、幼い頃のことを思い出さなきゃと必死で考え続けている。ユウさんには、幼い頃のことを思い出したら楽しい気もちになれそうな予感があるのではないですか？

ユウ：施設に入った時、わたしはお母さんに捨てられたのだからいつ死んでもいいと思っていました。誰もわたしを助けてはくれなかったし必要としてくれなかった。たとえ自分が死んでも泣いてくれる人も困る人もいないと思っていました。

お母さんから捨てられたという記憶だけが自分の中に強く残っていて、虐待を受けるようになる前のことは、おぼろげというか、わたしの中からすっぽり抜け落ちています。お母さんから愛されていなかったのではないかと思っていましたが、お姉ちゃんから聞く話は、わたしの記憶と一八〇度異なっていました。お姉ちゃんは、「わたしが間に入れないくらい、ユウちゃんとお母さんは一緒にいたよ」「ユウちゃんはすぐにお母さんに甘えるし、お母さんは何かといえばユウちゃんが大事だったみたいだし」「お母さんに愛されてないんじゃないかと、わたしの方が泣きたいくらいだったよ」と、わたしがお母さんからすごく愛されていたことを教えてくれます。

でもお姉ちゃんにはいつも、「確かにわたしがお母さんに愛されていたということを、お姉ちゃんからではなくお母さんから聞きたい」と言っています。誰かに言われて「あぁそうだったんだ。わたしは愛されていたんだ」と思うのではなくて、お母さんから直接、聞きたいんです。精神病を患っているお母さんからそのように言ってもらうことは、いまとなっては叶《かな》わないのですが……直接、聞きたいです。

お姉ちゃんから昔の話を聞くと、わたしは何か大事なことを忘れているのかもしれないと思うようになりました。そのことを確かめるために自分で思い出す作業をしなければならないと思っています。

筆者：やはりお母さんとの思い出がよみがえっても、つらくなったり苦しくなったりはしないという予感があるのでしょうね。

ユウ：そうかもしれない……。遠目にお母さんが長女のサキと遊んでいる様子を見ていると、わたしが幼かった頃も、お母さんは同じようにわたしと遊んでいたのかなと思う時がありました。わたしが幼い姪の世話をしていると、お母さんもわたしにミルクをこうやってあげていたんだよね、オムツも替えていたんだよね、離乳食も作ったんだよね、確かに幼い時は施設に入れられていたわけではないので、その頃はお母さんの傍《そば》にいて、育ててくれたのは間違いなくお母さんなんだよねと思いました。

そう言えば、いまでもよく覚えている出来事があります。幼い頃、わたしはストーブをさわる癖《くせ》があったみたいです。それで熱いからさわらせないようにするために、お母さんがわたしの手をつかんで、ストーブの上に直接、置いたのでやけどなったことがありました。いまならこのようなことは虐待行為であるとわかります。でも当時はそのように感じてはいませんでした。それは、お母さんから愛されているという気もちがあったからなのかなと思います。

筆者：母親や叔母という立場からの経験をとおして、お母さんも自分を大切にしていたのではないかと思える。だからこそ、それを直接お母さんに確認したいと思う。でもそれができない。なんとも言えないもどかしさがありますね。

ユウ：そうなんですが、一番もどかしいのは、お母さんの記憶の中で、わたしが継父から虐待を受けていた事実が消えていることです。虐待を受けていたのはわたしではなくてお姉ちゃんになっています。お母さんが「アイちゃんは小さい時からかわいそうなめにあって本当に大変だったんだから、かわいそうな子なの」と言うのを聞くと、「いやいやお母さん、ユウも大変だったんだよ」って言いたくなります。でもそれを口に出したことはないし、いまのお母さんには言ったところで理解できないだろうし……。

　だけどお母さんには、わたしの身に起きたことをわかってほしい。そして「ごめんね」や「ありがとう」ではなく、何も言わず、ただ抱きしめてほしいと思っています。

筆者：お母さんに対する「ただ抱きしめてほしい」という思いは、ただただお母さんを憎んでいた思春期の頃からすると随分《ずいぶん》、変わってきたように思います。

ユウ：でもまだわたしの中にはふたりの自分がいます。本当はお母さんが大好きで、たまに会った時には「お母さん」って呼びたいのに、「ケイちゃん」って呼んでしまう自分がいます。お母さんに抱きしめられたい、抱っこしてほしいと思う一方で、「いや、憎いはずだろう」と、もうひとりの自分がフワッと出てきます。「そろそろ優しくしてあげなきゃ」って思い、最初は優しく接しているんだけど、時間が経つにつれて、「自分だけが疲れた、自分だけが大変だと思うんじゃないよ」と母親に文句を言う自分が出てきます。こんなふうにふたりの自分が交互にいる感じです。

こういう話を友だちにすると、「いっそのこと、もうお母さんを許しちゃえば？　ユウちゃんはとらわれすぎてるんじゃない？」って言われることがあります。わたしも「許していいんじゃないか。そうすれば楽になれるだろうし」って思いながら、「そんなに簡単に許してはいけない」という矛盾する気もちもあって……。この矛盾を切りとりたいけれど、なんか切りとれなくて、まったく前に進めていない感じがしています。

筆者：お母さんに対する思いは複雑ですね。まだまだお聞きしたいことがありますので、日をあらためてまたおうかがいしたいと思います。きょうはありがとうございました。

インタビュー
2

大事にするための距離

筆者：前回のインタビューから一年が経ちました。その間にユウさんご自身にも変化があったと思いますが、いまのお気もちでお母さんについてお話していただければと思います。

前のインタビューの最後で、ユウさんの中にはふたりの自分がいるという話をうかがっています。そのうちの「お母さんを許していいんじゃないか」という方の「自分」は、思春期の頃のユウさんのことをどのように思っていますか？

ユウ：お母さんに対する暴力を振り返ると、親になんてことをしたんだろうという後悔だけです。あそこまで苦しめる必要はなかったし、もしわたしが娘から同じことをされたら、きっと生きていけません。

周りから「すべての始まりはユウだ」と言われました。お母さんが精神病になったのはわたしのせいだと言われ、わたしもそうだと思いました。いまもその気もちはずっと続いています。憎しみをぶつける相手がお母さんしかいなくて、殴ったりナイフを突きつけたりひどいことをして、お母さんの心を壊してしまったのです。

筆者：いまはお母さんに暴力を振るってしまったことへの反省があっても、お母さんは幼い頃のことを話してくれない、しかもユウさんが虐待を受けていないと思っている。やはり一年前と同じように、このままでは前に進めないという感じでしょうか？

ユウ：お母さんから思い出を聞けないのは病気のためだけじゃなくて、そもそも楽しい思い出がなかったからではないかと考えていた時期もありました。でも、すごく強烈な出来事があると、すっぽり記憶が抜け落ちることがあるということを聞きました。わたしの場合もそれにあてはまるのかもしれません。すっぽり抜け落ちた記憶は、お母さんからもらったとても大事なもののような気がして……それを思い出したい。お母さんが話してくれないから無理だとあきめるのではなく、自分で探さなければと思うようになっていきました。

筆者：抜け落ちた記憶を探すのにお母さんだけをあてにするのではなく、ユウさん自身がそれを探すことになったんですね。

ユウ：ある時、施設長の先生から、「ユウの人生があったようにお母さんの人生もあったんだよ。ユウが言うようにお母さんは苦しんでいなかったかもしれないし、ユウと同じように苦しんでいたかもしれない。でも問題は、お母さんがどうであったかではない。ユウがお母さんを知ろうとするかしないか、わかろうとするかしないかということだ」と言われました。何気ない会話でしたが、それを聞いてわたしは、いままでお母さんのことを知ろうとしてきたのかなって思いました。そしてそもそもお母さんのことを知りたいと思っていたのか、知る努力をしてきたのかと考えるようになりました。

思春期の頃のサキから、「ママは自分のことをわかってくれない。理解してくれない」って言われたことがあります。わたしは、娘たちのことをわかろうと努力してきたつもりだったので、この時、サキはわたしのことをわかろうとしたのか、理解しようとしたのかと思いました。すると同じように、はたしてわたしは、自分のお母さんのことをわかりたいと思ってきたのか、わかろうとしてきたのかと……そういう努力をすれば、何か、抜け落ちた記憶がつながってくるように思いました。

筆者：お母さんのことをわかろうと努力したらどのようなことが見えてきましたか？

ユウ：これまでずっと「なんでわたしを施設に預けたんだ！」と怒っているだけで、「なぜ、わたしを施設に預けたの？」と考えることはありませんでした。でもお母さんのことをわかろうとしたら、お母さんがわたしを施設に預けた理由を知りたくなりました。わが子を施設に入れると決めるには、そうしなければならない理由があったはずなんです。それは、お母さんに対するわたしのひどい暴力以外には考えられません。

筆者：お母さんのことをわかろうとすると、自分を見つめることになった……と。

ユウ：なぜそこまでの憎しみをお母さんに抱いたんだろうって。殺したいくらいの憎しみの決定打はなんだったのかを考え始めました。わたしが憎むべき相手は継父のはずなのに、それよりもお母さんへの憎しみが勝っているのはなぜなのか。うまく言えないのですが、本当なら憎しみをお母さんに向けなくてよいのに、お母さんに向かわせている何かがあるなら、やはりわたし自身のことを見つめ直さなければならないと思いました。

筆者：ユウさんが自分自身を見つめることで、お母さんのことがわかるかもしれないということですね。お母さんのことをわかろうとすれば、抜け落ちた記憶がつながってくるのではないかということで努力してみたら、何かつながりが見えてきましたか？

ユウ：実は、つながりが見えてくるということ以前に、自分がいままで思い出さなきゃ、思い出さなきゃって思ってきたことが、思い出す必要もなければ思い出せるわけがない、というのを最近、サキとミズキに教えられたんです。幼い頃の記憶というのは、案外、残っていないものなんですね。

幼い娘たちを連れて楽しい思い出作りのために、家族でいろいろなところに出かけました。それなのに娘たちに、一番、楽しかった思い出について尋ねても、幼い頃の思い出が出てこない。「水族館へ行ったよね、動物園でウサギさんやヤギさんにエサをあげたよね」って言っても、ことごとく「覚えていない」という返事でした。幼い頃の記憶が抜け落ちていることにこだわっていたけれど、みんなそんなものなんだとわかり肩の力が抜けました。思っていたほどそこはたいして重要じゃないってわかったことは大きい。

筆者：そんなことがあったんですね。

少し話は変わりますが、反抗的になった娘さんに困り果てた親友から相談を受け、ユウさんが児童相談所に行くことをすすめるという出来事がありました。それがきっかけで親友の娘さんにかつての自分の姿を重ね合わせて、お母さんのことを考え始めるようになりました。お母さんとの関係では、親友の娘さんの出来事がとても大きな意味をもっているように思います。

このことについてもう少しお話をお聞きしたいのですが、その前に気になっていることがあります。ユウさんが初めて児童相談所と出会ったのは思春期の頃です。お母さんからていねいな説明を受けることなく連れて行かれて、その日からお母さんと一緒に暮らせないという決断をくだしたのが児童相談所です。ですからユウさんにとって児童相談所は、とても嫌な場所として記憶されているのではないかと思います。なぜ、親友には児童相談所をすすめることができたんですか?

ユウ：たぶんそれは、児童相談所が全部、自分の人生に結びついているからだと思います。児童相談所へ行ったから情緒障害児短期治療施設や児童養護施設に入って、施設長の先生や担当職員さんや心理の職員さんなどに出会えて、カズキくんにも出会えて、そういうのを経ていまの自分があります。いろいろな人に出会えるいまの自分のもとをつくってくれたきっかけが児童相談所でした。もちろん当時の自分に戻れば、児童相談所はよいものかと言えば、よいものとは言えませんが……。

筆者：児童相談所が、たくさんの人と出会えているいまのユウさんをつくったということですね。

親友の娘さんが一時保護されたあと、ユウさんは、お母さんが自分を施設に預けた理由について考え始めましたね。お母さんは自分が楽になりたいから施設を選んだのではなくて、ユウさんを護る、ユウさんが幸せになる方法として施設に預けるという選択肢しかなかったのかもしれないと考えるようになりました。お母さんに暴力を振るっていたのはユウさんなので、ユウさんはどちらかといえば加害の側になります。そのユウさんを、お母さんが「護る」というのはどういうことなのでしょうか?

ユウ：お母さんがわたしを護るというのは、わたしを母親殺しの犯人にしないようにするということです。わたしを護るために、すごく苦しんで、唯一の選択肢として施設に預けたのかもしれないと思うようになりました。お母さんはわたしを施設に預けて終わりではなく、娘であるわたしの幸せを願って、自分がいなくなってもわたしがひとりで生きていけるようにと思っていたのかもしれません。

また親友がそうであったように、わたしを施設に預けて、お母さんはわたしのことを可愛いと思えるようになったのかもしれないし、わたしを施設に預けるように助言した人がいたのかもしれないとも思いました。

筆者：ユウさんを施設に預けることをお母さんに助言した人がいたのかもしれないということですね。お母さんの周りにはいつもたくさんの人がいたというイメージですか？

ユウ：お姉ちゃんが、「お母さんって友だちがいたのかなぁ。誰を頼って生きてきたんだろうねぇ。ひとりでやってきたよねぇ」って言ったことがありました。その時初めて、お母さんはひとりぼっちだったということに気がつきました。

だから、わたしが思っていたお母さん、わたしが覚えているお母さんは、実際にそのとおりのお母さんだったのかどうか……。もしかしたら、どこかでお母さんのイメージを書き換えたのかもしれません。だからお母さんの本当の姿を知れば、お母さんを許すきっかけになるかもしれないと思ったりします。わたしを施設に預けた頃のお母さんのことを知りたい。施設長の先生ならご存知かなって。

筆者：お母さんを許すきっかけ……お母さんを許したいと思うようになってきたということですか？

ユウ：お母さんを許すというか、いまになってお母さんを求めているようです。お姉ちゃんから、お母さんと姪と三人で出かけたというような話を聞くと、いい思いがしないし、うらやましいと思っている自分がいます。

また周りにいる若い子たちと話をしていても、うらやましいと思うことが度々あります。二十代の後輩からの相談で、「親に頼れないんです」とか「親に迷惑かけられないんです」というような話を聞くと、「迷惑かけることができるならかけちゃいなよ」って言います。なんて贅沢《ぜいたく》な悩みなんだって思いながら。

お母さんが長女のサキを一番最初に抱いてくれたということがありました。いま思い返してみると、そのことは、たぶん素直に嬉しかったのだと思います。サキが産まれる前は考えもしなかったことですが。

筆者：「お母さんを求めている」という言葉を聞くと、お母さんに何かあった時にお金を出す気はないという気もちも変わってきているように思います。いかがでしょうか？

ユウ：これまでは、お金を出す出さないということ以前に、何かあっても「連絡はいらない」とお姉ちゃんに言っていました。その話を夫のカズキくんにしたら、「後悔しないの？」って尋ねるだけで、それ以上は何も言いませんでした。

でもそのあとで、子どもたちや夫のカズキくんにとっては、その連絡は大事だと思い直しました。すると、もしかしたらわたしにとってもそれは大事なことかもしれないと思い、お姉ちゃんに「以前、言ってたことは取り消す。連絡をちょうだい」って言いました。そしてカズキくんに「やっぱり連絡をもらうことになったから」って言ったら、ただ「わかった」とだけ言ってくれました。

筆者：お母さんとの距離は、ユウさんとお母さんとの関係だけでは決められないということですね。

これまでのところで、親友の娘さんとの出会いがきっかけとなってユウさんがお母さんのことを考え始めたことがわかりました。でもユウさんは友だちから子どもの目線を思い出させてくれると言われています。そのことからすれば、親友の娘さんに会いに行った時にも、子ども側の思いにだけ心を寄せて、親側のことまで思いが至らなくてもおかしくないと思います。いかがでしょうか？

ユウ：親友から、自分の子どもが何を考えているのかわからないから、子どもに会って気ちを聴いてほしいと頼まれました。それでその子に会いに行ったら、「お母さんが自分を捨てたきゃ捨てればいい」って言ったんです。この時、自分の子どもから言われたわけでもないのに、思わずこの言葉を母親の立場で聞いてしまいました。親友がわが子のことをわかろうとすごく苦しんで悩みながら努力をしてきたことを知っていたからだと思います。

親友は、苦しみ抜いた結果どうにもならないから、第三者であるわたしの力を借りようとしました。わたしのお母さんが児童相談所という第三者の力を借りようとしたのも同じ状況だったからなのかもしれません。もしかしてお母さんも、わたしのことをわかろうと努力していたんじゃないかなって思いました。

もしそうだとすれば、いままでは自分の記憶がすべてで、それが思い出せないからお母さんと距離をおいたほうがよいと思っていたのですが、そんなに決めつける必要はないのかもしれません。お母さんとの距離を決めるのは、お母さんを知る、わかるという努力をしてみてからでも遅くないと、いま頃になって思うようになりました。

筆者：これからお母さんを知る努力を積み重ねていった時に、お母さんとの距離はどのような感じで決まることになりそうですか？

ユウ：お母さんがわたしのことを好きであることは認めつつあるんです。何事もなかったかのようにお母さんに接すれば接するほど、また傷つけてしまうような気がします。だから、お母さんを大事にできているというのは、ある程度の距離を保つことなのかもしれないと思っています。

筆者：お母さんがユウさんのことを好きである。ユウさんがお母さんとある程度の距離を保つことが、お母さんを大事にすることである。そう思います。そしてその距離は、これから先、変わらないものではなく、常に変化し続けるように感じています。

ありがとうございました。

PART Ⅲ 語りから見えてきたこと

第1章

ユウさんと母親の関係
――親役割意識の変化をとおして

　ユウさんは、もう二十年以上も前のことになるのに、継父から受けた虐待の記憶は鮮明であると言います。記憶を消すことが難しいなら、せめて曖昧《あいまい》な記憶になってくればとても楽になれるのに、虐待の記憶は、いまここで起こっているかのごとく鮮明であると言います。また、再び継父に出会えば、大きな恐怖に襲われることになるとわかっていながら、いつもどこかに継父がいるのではないかと探してしまうそうです。

　しかし八年間にわたってユウさんから話を聞いてきた中で、一番多く語られたのは継父に対する感情ではなく、母親であるケイさんに対する複雑な思いでした。ＰＡＲＴⅠとＰＡＲＴⅡでは、彼女が母親について語るところは、「お母さん」という呼称に統一していますが、「はじめに」でも触れているように、実際にはいつも「お母さん」という呼称で語っていたわけではありません。「ケイちゃん」と母親の名前で呼ぶことがたびたびありました。

ユウさんに出会った頃は、語りが流暢《りゅうちょう》になればなるほど、「お母さん」という呼称はめったに出てきませんでした。時々、「ケイちゃん」では誰のことをさしているのかわからなくなってはいけないという気づかいからなのか、「お母さん」という呼称が用いられることもありました。随分《ずいぶん》長い間、「お母さんと呼べばいいとわかっていても呼べない」ときっぱりと言い切っていました。

ユウさんにとって最も憎むべき相手は虐待の加害者であった継父であるはずなのに、彼女は自分を施設に預けたまま引きとらなかった母親に対して、継父への憎しみも合わせたかのような激しい憎悪《ぞうお》を抱くようになります。継父は傍《そば》にいないのだから憎しみをぶつけようがなかったと言えばそうかもしれません。しかしのちに彼女自身が、なぜ母親に対してあそこまで執拗《しつよう》で過激な暴力を繰り返してしまったのかと自問しています。彼女の母親に対する憎悪はおよそ尋常ではなかったということでしょう。

ユウさんと話をしていると、母親に対するはかりしれない憎悪は、彼女自身も気がつかないぐらい心の奥深いところにある、母親であれば憎しみをぶつけてもかまわないと感じられる安堵感に支えられたものであったのではないかと思うようになりました。赤ちゃんの時に、おなかがすいて泣いたらお母さんにミルクをもらった、お尻が濡れて気もちが悪いと泣いたらお母さんにオムツを替えてもらった。それは彼女の記憶の中に鮮明に刻まれてはいませんが、おそらくそのような関係の中で育まれてきた、母親に大切にされているという安堵感が、母親を激しい憎悪の対象にできた所以《ゆえん》であったのではないかと思います。

ユウさんと母親の関係は、たとえ高齢になった母親が彼女より先に他界したとしても、彼女の生命《いのち》ある限り続いてくことになります。その関係が今後どのように変化していくのかについては、誰も確かな予想を立てることなどできないでしょう。そのことをお断りしたうえで、ＰＡＲＴⅠやＰＡＲＴⅡのユウさんの語りから見えてきた母親への思いの変化を、彼女の親役割意識の移り変わりをとおして読み解きたいと思います。

1　ユウさんの母親への思い

ユウさんの母親への思いは、母親に対する強いあこがれの気もちとその裏返しとしての激しい憎しみを抱く「憧憬《しょうけい》と憎悪の時期」、母親を憎くて許せない存在というだけではとらえることができなくなり葛藤する「苦悶《くもん》の時期」、そして自分が変わることによって母親との関係に変化の可能性を見出す「主体的関与の時期」の三つに分けることができます。

（１）憧憬と憎悪の時期

大好きな母親

ユウさんの思い出の中の母親は、「お水」の仕事のために上下がセットになったきれいなスーツや黒の毛皮のコートを着ています。母親は、その美貌《びぼう》が妬《ねた》まれて、あらぬ噂がささやかれるほどの派手さと美しさを兼ね備えていると同時に、周りの人から何を言われても堂々としています。

このような母親の姿を思い浮かべることができても、彼女の記憶の中には、母親から愛されて育ったことを確かめられるような楽しい思い出がありません。幼い頃に母親から、誕生日を祝ってもらったり、遊びに連れて行ってもらったりした記憶がないのです。思い出せるのは、母親からよく聞かされた「ユウちゃんを産みたくて産みたくて、産んだんだよ」という言葉です。ユウさんを産むことについて、祖母をはじめとして周りの人がみんな反対する中で、どうしても産みたくてユウさんを産んだという母親の言葉を、彼女は素直に受けとめることができませんでした。なぜならこの言葉は、自分が生まれることを望んだのは母親だけであり、周りの人は誰ひとり望まなかったとも受けとれたからです。

幼い頃のユウさんは、何かあっても母親に言えば助けてもらえると思っていました。母親は自分の味方であると信じることができていたからに違いありません。母親からなん度も聞かされた「ユウちゃんを産みたくて産みたくて、産んだんだよ」という言葉は、決して素直に受けとめられるものではありませんでしたが、母親は味方であると思える根拠のひとつになっていたと思います。

母親は、継父がユウさんに対しておこなっていた虐待行為の一部始終を知ることになっても、ただ彼女に謝るだけで、実際に彼女を護《まも》る行動をとりませんでした。しかしだからといって、彼女の母親に対する信頼がゆらぐことはありませんでした。彼女の記憶に残っている、母親が継父に首根っこをつかまれて川に突き落とされそうになったという出来事からすると、母親は、彼女を護る行動をとらなかったというよりも、とれなかったのかもしれません。

母親が継父から暴力を受けていること、また姉も継父から暴力や自分と同じ虐待を受けていることを知っていたユウさんは、母親と姉を護ることができるのは自分しかいないと考えるようになりました。母親に助けを求めて、それが叶《かな》わないとわかっても、彼女は母親を責めませんでした。むしろ自分さえ我慢すれば、母親や姉を継父の暴力から護ることができると考えました。彼女は継父に対して、言うとおりにするから母親と姉には危害を加えないようにと懇願《こんがん》しました。

小学生のユウさんは、自分を犠牲にして一生懸命、母親と姉を護ろうと我慢し続けました。しかし、片時も彼女を離そうとしない継父によって、学校に行かせてもらえなくなり、我慢の限界を迎えます。そこでついに行動を起こします。「ユウの命を選ぶのか、それとも、お母さんがそのまま幸せになるのか、どっちかを選んでほしい」と自分の命をかけて母親に決断を迫りました。母親が継父との暮らしを続ける方を選ぶのであれば、みずから命を断つことも辞さない覚悟でした。そこまで追い詰められていても、自分だけが助かりたいという思いはありませんでした。このような状況のもとでも母親を助けたかったというのですから、彼女の中に、自分を犠牲にしてでも護りたい憧《あこが》れの母親がいたことは間違いないでしょう。

許せない母親

継父のもとから逃げ出すことができた安堵感や、憧れの母親を継父の暴力から護ることができた満足感が長く続くことはありませんでした。中学二年生の時に母親から、「ユウちゃんが逃げたいって言わなかったら、お母さんは幸せだったんだよ」と、あたかも彼女によって幸せを奪われたと言わんばかりの言葉を聞かされました。

いつも自分の味方でいてくれると思っていた母親から、自分のとった行動が非難されたわけですから、母親に裏切られた衝撃や失意ははかりしれなかったことでしょう。しかも非難された行動は、自分のためだけでなく、母親を護るためのものでもあったのですから、母親が自分をまったく理解してくれていないことに対する苛立《いらだ》ちや憤《いきどお》り、母親に理解されていないことに対する悔しさや悲しさがわきあがってきたことでしょう。さまざまな種類の否定的な感情が交錯《こうさく》し、母親に対する怒りとなって爆発しました。

反抗期であったこともそれに拍車をかけ、彼女の爆発はさらに激しさを増しました。母親に対して、「お前には生き地獄を味わわせる。一生苦しめ！」などの暴言を吐いたり、ナイフを振りかざして母親の前で寸止めにしたりするなどの暴力行為を繰り返しました。結局、そのことがきっかけとなり、彼女は母親によって児童相談所に連れて行かれました。そして児童相談所の介入により、事態は予想もしなかった方向へと進みました。児童相談所に行ったその日のうちに親子分離となったのです。それでも高校進学を機に母親に引きとられるだろうと期待を抱いていました。しかしその期待も裏切られ、結果として彼女は、児童相談所に行ったその日からずっと母親と一緒に暮らすことができなくなりました。

ユウさんは、自分の行動を非難した挙句に、自分を育てることを放棄した母親への憎しみでいっぱいになりました。施設に入ってから、母親が精神病を患《わずら》ったと聞かされても、自業自得であると突き放し、母親が苦しむさまを小気味よいとさえ思いました。

長女のサキさんを出産し自分が親になっても、母親への憎しみは続きました。出産後に母親に手助けを求めることなどまったく考えていなかったにもかかわらず、家が近かったこともあり、母親は孫のサキさんに会うために、たびたび彼女の家にやって来ました。友人たちは、母親が家に来てくれれば育児の助言や手助けが得られると話していました。しかし彼女の場合は、病気の母親がやって来ても、助言も手助けも得られません。それどころか母親がやって来た日は、母親の分まで食事をつくるなど、サキさんと母親のふたりの面倒をみることになり負担は増していきました。これ以上、母親に迷惑をかけられたくないと思う彼女は、母親に何かあっても、母親のために一円たりともお金を使いたくないとさえ思っていました。

しかしユウさんの暴言には、母親を求める気もちが込められていたように思います。母親にナイフを向けた時の「お前には生き地獄を味わわせる」という暴言は、母親を苦しめるために、自分が母親の傍にいることが前提となっています。彼女は母親を自分からまったく遠ざけてしまおうとは思っていなかったようです。

彼女を児童相談所に託して帰っていく母親の背中に向かってぶつけられた「なんでわたしを置いてくんだ！　くそばばぁ！」という暴言からは、母親を求めていてもそれが叶わなくなったことへの深い失意が感じられます。なぜなら、「くそばばぁ」と母親を罵《ののし》る理由が、自分を置き去りにすることであるからです。

また、情緒障害児短期治療施設に入所し、いつ死んでもいいと思っていた時のことは、「もういっそのこと、わたしが死んでお母さんが泣けばいい」と語られます。しかしすぐそのあとで「いや、でもお母さんは泣かないで、むしろ笑うか」と自虐的な思いが付け加えられます。思わず吐露《とろ》してしまった、自分の死を母親に悲しんでほしいという願いを、あたかも必死で打ち消しているかのようです。

ユウさんは、母親を求める気もちを心の奥底に深く沈めて蓋《ふた》をしてしまいました。それゆえ、許せない母親への憎悪だけがかえって表面に強く表れることになったと考えられます。母親への憧れや好意がなければ、理解してくれなかったことに対する苛立ちや憤り、理解されなかったことに対する悔しさや悲しさを抱くこともなかったことでしょう。この時期の彼女は、母親を一面的にとらえていました。そのため、自分を犠牲にしてでも護りたいと思える、憧れの大好きな母親が心の中にいることの裏返しとして、母親に対して激しい憎悪を抱き、母親を決して許すことができませんでした。

（２）苦悶の時期

祖母としての母親

長女のサキさんが一歳を迎える頃になると、母親に対する思いに変化の兆《きざ》しが芽生えます。長女を連れて母親と三人で買い物に行ったり公園へ遊びに行ったりすると、孫にとてもよくかかわる母親の姿に出会います。そして、祖母のことが大好きなサキさんの姿にも出会います。サキさんは、これまで世話をされるだけの赤ちゃんでしたが、大きくなるにつれて、他者への働きかけができるようになりました。ユウさんには、母親からわが子へのかかわりだけでなく、わが子から母親へのかかわりも見えてきます。

サキさんが生まれるまで、母親は、ユウさんにとって自分の親でしかありませんでした。しかし徐々に、サキさんの祖母としての母親の姿が見えてくるようになります。すると、自分を苦しめる悪の権化《ごんげ》のように自らの前に大きく立ちはだかる母親であったはずなのに、その背中が小さく見えることもありました。

長女を母親に会わせることについて悩む中で、ユウさんは、自分が母親を憎んでいるからわが子を母親に会わせないというのは、自分のエゴを子どもに押しつけて、サキさんがおばあちゃんに会う機会を奪うことであると考えるようになります。母であるからといってわが子の楽しみを奪う権限はなく、もしそのようなことをすれば、子どもの幸せよりも自己都合を優先した自分の母親と同じことをするようになると思いました。長女がたくさんの人に囲まれて幸せに育つことを願うのであれば、父方だけでなく母方の祖母もいた方がよいと判断しました。長女の祖母としての母親の存在は、認めなければならないと思うようになったのです。

ひとりの女性としての母親

母親の中では、ユウさんの継父と暮らした日々の記憶をめぐって相反するふたつの気もちが錯綜《さくそう》しているようでした。母親が、昔のことは思い出したくないと言えば、継父と暮らした日々をよく思っていないのだろうと推察できます。しかし別の日に、ユウさんが幸せを奪ったと非難するような言葉を聞かされると、継父と暮らした日々がよきものとして記憶されているのだろうと感じられることもありました。

ユウさんは、このようにゆれ動く母親の姿に、母でも祖母でもないひとりの女性を見出しました。母親の中にいまも継父のことが好きであるという気もちがあったとしても、同じ女性という立場で考えれば、好きな人への思いを断ち切ることができないという心情はわからなくもないと思いました。

ユウさんは、母親を、自分の親であると同時に娘たちの祖母でもあると多面的にとらえるようになり、さらにひとりの女性としてとらえるまなざしをもつようになりました。ひとりの女性として母親をみれば、その心情はまったく理解できないわけではありませんでした。

母親への思慕《しぼ》

ユウさんは、長い間、母親を求める気もちを心の奥底に深く沈めて蓋をしてきました。しかし少しずつその気もちが表れ始めます。たとえば、児童相談所の一時保護所から家に帰ることができず、施設に入ることになった時の絶望感について、お母さんに捨てられたのだかららいつ死んでもいいと思ったと語ります。そして絶望に襲われた理由は、誰もわたしを助けてくれなかったし必要としてくれなかったこと、自分が死んでも泣いてくれる人も困る人もいないと思ったことであると言葉にします。「誰も」と一般化された主語で語られています。しかし彼女の本心は、「お母さんがわたしを助けてくれなかったし必要としてくれなかった。もうわたしが死んでもお母さんは泣いてもくれないし困ってもくれない」ということでしょう。母親を慕う気もちが直接的に言葉に表れているわけではありませんが、過去の出来事を語る彼女の言葉の中に、母親への思慕が垣間見えるようになりました。

自分が母親にとても大事にされていたという話を姉から聞かされると、それを他の人から聞くのではなく、「確かにわたしがお母さんから愛されていたということを、お姉ちゃんからではなくお母さんから聞きたい」と、母親への思慕をそのまま言葉にしています。そして病気になった母親からは言ってもらえなくなった焦燥《しょうそう》感を吐露します。そこには、もし母親が病気にならなければ、直接、母親から愛していたと言ってもらえたはずであるというユウさんの期待があるように思います。

ユウさんの手には、母親によってやけどを負わされた痕が残っています。しかし彼女は、母親に虐待をされたと思ったことは一度もありません。なぜならそのやけどは、なん度たしなめてもストーブをさわりに行く癖《くせ》があった幼い頃の彼女に対して、ストーブが危険であることを教えるために母親がおこなった行為の結果であると思えるからです。ユウさんは、やけどを負わされたことを母親から受けた虐待であると思ったことがなかったのは、母親の愛情を感じていたからであると語っています。

これまで母親については、自分を児童相談所に連れて行き、施設に預けて養育放棄をしたことだけを拠り所にして考えてきました。しかし徐々に、自分に対する母親の愛が推察されるようになっていきました。孫と遊ぶ祖母としての母親の姿が、幼い頃の自分にかかわる母親の姿に重なって見えるようになったからでしょう。

母親をめぐる苦悩

母親の愛が推察されるようになると、ユウさんは、ますますそれを確認したいという思いを募らせます。そしてそれが叶えられないことに悩まされます。またその思いが叶えられないだけでなく、母親の中では姉だけが継父による虐待を受けたことになっているため、彼女は母親の歪《ゆが》んだ認識を修正できないもどかしさにも悩まされます。母親から、姉にはつらい思いをさせてしまったと姉だけに詫びる言葉を聞かされると、自分の身に起こったことが母親にまったく認識されていないという現実に直面します。そして、歪んだ母親の認識を修正したいと思っても、病気になった母親にそれを求めることが難しいという現実に苛《さいな》まれます。そのような苦しい状況の中で母親に対して、詫びることではなく、ただ抱きしめてくれることを望むようになります。おそらく心のどこかで母親の愛情を感じているからでしょう。

このように母親を思う気もちが少しずつ変わり始めると、ユウさんは、自分の中に矛盾するふたりの自分がいることに苦しむようになりました。これまでのように「ケイちゃん」と呼んでいても、本当は「お母さん」と呼んで甘えたい自分が登場してきます。母親に優しく接しているのに、母親は憎いはずだという自分が登場してきます。いっそのこと母親を許せば楽になるのではと友だちに助言されれば、そのとおりだと思えても、すぐさま「そんなに簡単に許してはいけない」という思いがわきあがります。ふたりの矛盾する自分が交互に現われ、彼女の苦悩はさらに深まりました。

憎くて許せない母親だけが意識にのぼっている時は、ユウさんの苦しみは、迷いのない苦しみでした。ところが母親を多面的にとらえるようになると、母親を憎む自分と母親に甘えたい自分、母親を苦しめたい自分と母親に優しくしたい自分というように、矛盾するふたりの自分が現れるようになり葛藤が起こります。この時期の彼女は、母親を許してはならない自分と母親を許したい自分という、矛盾するふたりの自分が交互に出てくるため、自分の気もちをどこに置けばよいのか苦悶するようになりました。

（3）主体的関与の時期

母親に対する自責の念

母親に対する見方や思いが変化しても、ユウさんの関心事は、母親を許すか許さないかということであり、長い間、母親を責める気もちに変わりはありませんでした。しかし時間が経つにつれて、母親だけを責めていた自分を問い直すようになります。

周りから「すべての始まりはユウだ」と自分のせいで母親が病気になったと言われても、それを素直に認めることができるようになりました。もし自分が娘たちからナイフを突きつけられたり殴られたりしたら、間違いなく生きていく意欲を奪われるだろうと思うからです。自分と母親の関係を、自分の娘とその母親である自分の関係に置き換えた時、母親の心を壊したのは、まさしくこの自分の暴力であったという自責の念が強くわき起こってきました。母親に対してとんでもないことをしてしまった、なぜそこまで酷《ひど》いことをする必要があったのか、思春期の頃の自分を振り返る日々が続きました。

母親をめぐる自己洞察

ユウさんは、これまで自分の苦しみのすべてを母親のせいにして、母親が変わってくれない限り自分は救われないともがき苦しんできました。しかし母親との関係は、自分が変わることによって変えることができるのではないかと思うようになります。幼い頃の記憶を母親が話してくれないからといって何も変わらない、変えられないとあきらめてしまうのではなく、それを自分で探す努力をしてもよいのではないかと考え始めました。

「問題は、お母さんがどうであったかではない。ユウがお母さんを知ろうとするかしないか、わかろうとするかしないかということだ」という施設長の言葉は、母親との関係を見直す際に、さらに自分を見つめる方へと向かわせました。これまでは母親をただ攻撃するだけで、母親のことをわかろうと努力してこなかった自分に気がつきました。すると、「なんでわたしを施設に預けたんだ！」という怒りに任せた母親への詰問は、「なぜわたしを施設に預けたの？」という素直な問に変わりました。そして、本来憎むべき相手は継父であるはずなのに、なぜ自分は母親に対して殺したいぐらいの憎しみを向けてしまったのかという問が立つようになりました。

自責の念にかられ、自分で自分の過去を探す努力をして深い自己洞察を完璧に実現しようとすれば、さらにユウさんは悩み苦しんだかもしれません。ところが彼女は、娘たちとの何気ない会話がきっかけとなり、あれほどこだわっていた幼い頃の記憶にこだわる必要がないことに気づきます。

思春期の出口にさしかかった娘のサキさんとミズキさんに、いままで生きてきた中で一番、楽しかった思い出について尋ねました。すると、それは三歳や四歳の頃の話ではなく、小学生になってからの話でした。そのことにユウさんはとても驚きます。彼女は、自分に幼児期の思い出がなかったので、娘たちには同じ思いをさせたくないと、幼い娘たちを連れて家族であちこちへ出かけ、娘たちとの楽しい思い出づくりに励んできました。だからこそ、娘たちが幼児期の思い出を話してくれると期待していたのです。ところが三歳や四歳の頃のことをまったく「覚えていない」と娘たちに言われ肩透かしをくらうことになりました。しかしかえってそれが彼女の気もちを和らげました。彼女が思い出さなければならないとこだわっていたことは、思い出す必要もなければ、そもそも思い出せるわけがなかったということを娘たちから教えられることになったからです。

この気づきが、娘たちとの何気ない会話から生まれたことの意味はとても大きかったことでしょう。ユウさんのこわばっていた心は、何気ない会話の中であったからこそ、自然にとけたのではないかとさえ思います。彼女は、これまでのように憧憬や憎悪という枠をとおして母親を見るのではなく、等身大の母親と出会いたいと思うようになりました。

母親の立場からみた関係

これまでユウさんは、母親が自分を児童相談所に連れて行ったのは、子どもを手放して楽になりたいと自己都合を優先した自分勝手な判断によるものであると決めつけてきました。しかしよくよく考えると、もしナイフをふりかざした寸止めの手がすべっていれば、彼女は母親を殺《あや》めることになっていたかもしれません。母親は自分の娘が殺人の罪を犯さないように、断腸の思いで彼女を児童相談所に連れて行った可能性もないとは言いきれません。母親は、娘との関係を断ちたいと思ってユウさんを児童相談所や施設に託したのではなく、娘との関係を断ちたくなかったからこそ、ユウさんを児童相談所や施設に託すという選択肢しか持てなかったと考えることも可能です。

また母親がひとりでこのような決断をしたのではなく、悩み苦しんだ末に、誰かに相談し、児童相談所に行くように助言をもらったのかもしれません。ユウさんは、あの時点で母親が最良の選択をした結果が、自分を手放すということであったのかもしれないと考えるようになりました。しかし同時に、たとえこの時、母親が誰かに相談していたとしても、いつもそのような人が母親の周りにいたわけではなく、誰にも頼ることができず友だちもおらず、ひとりぼっちで頑張っていた母親の姿も思い起こされました。

ユウさんは、姉が子どもを連れて母親と三人で出かけたという話を聞くと、姉への羨望《せんぼう》から、姉が母親と楽しく過ごしていることを心よく思えないと、自分の素直な思いを吐露できるようになりました。若い人たちから、親に頼れないし迷惑をかけることができないという話を聞くと、可能であれば親に頼ってもいいし迷惑をかけてもよいと助言できるようになりました。そして長女が生まれた時、産科の先生の計らいで母親が自分より先にサキさんを抱いてくれたことも、素直に嬉しかったと振り返っています。

ユウさんは、母親によって翻弄《ほんろう》されてきたと思ってきましたが、いまは少し異なります。自分の記憶の中の母親が母親のすべてではないと思えるようになりました。これまでは記憶の中の母親の姿だけに頼って、母親との距離を決めてしまい、母親と距離を置いてきました。しかし母親との距離は、自分自身が母親を知ろう、わかろうと努力をしてから決めてもよいのではないかと、母親との関係に向けて主体的に関与できる可能性を見出すようになりました。

ユウさんは、友人たちから、いつも子どもの立場で話を聞いて発言してくれる人として信頼されていました。ところが母親との関係がこじれてしまった友人の子どもの話を聞きに行った時、子どもの言葉を思わず母親の立場で聞いていた自分に気がつきました。いまユウさんは、最愛の夫や娘たちとの関係の中で母親をとらえ、母親の側から母親のことを知ろうとしています。母親を許す、許さないという二項対立を超えた地平で母親との関係を見直し始めたように思います。

ユウさんはこれまで、母親に対して、怒りを伴って「なんで！」と問い詰めることはあっても、素直に「なぜ？」と問いかけ、母親のことをわかろうとしてこなかった自分に気がつきました。母親との距離は、母親のことをわかろうと努力してから決めてもよいのではないかと思い、母親のことをわかろうとすると、今度は母親に対する自分の気もちや行為に対して「なぜ？」という問が立ちました。この頃の彼女は、自分を見つめ直し始めることにより、母親との関係は、母親が変わらなくても、自分自身が変わることによって変えていけるかもしれないと、その関係のありように主体的関与の可能性を感じるようになりました。

2　母になったユウさんの親役割意識

子どもを産んで母になったユウさんの親役割意識は、完璧な親でなければならないと「『よき親』像に縛られている時期」、親といえどもできることには限界があると「親役割のゆらぎと限界に気づく時期」、親は子どもと一緒に成長していけばよいと「親役割の緊張から解き放たれる時期」の三つに分けることができます。

(1)「よき親」像に縛られている時期

「よき親」像の呪縛《じゅばく》

長女を産んだあとのユウさんは、病院で助産師さんから「二四時間三六五日、ずーっと抱いているつもり？　時には離すのも母親の役目だよ」と言われるまで、睡眠時間を犠牲にしてサキさんを抱き続けました。それは、愛おしいわが子を抱き続けていたいからというよりも、むしろ子どもを泣かせてしまうことが恐怖であったからでしょう。絶対に子どもを虐待してはならないという思いは、いつのまにか、絶対に子どもを泣かせてはならないという不自然で凝り固まった思いに形を変えてしまったようです。

病院では助産師さんや看護師さんの助けがありました。しかし退院の日、夫のカズキさんは仕事で休みがとれなかったため、ユウさんはたったひとりで長女と一緒にアパートに戻りました。この時のことは「ひとりでサキを抱えて荷物をいっぱい持って退院した」と語られています。二四時間三六五日抱き続けようとしていたユウさんが、この時はサキさんを抱っこしていたというのではなく抱えていたというのですから、どれほど余裕を失っていたのかがわかります。

絶対に自分の母親のような子育てはしないという固い決意とは裏腹に、不安でいっぱいのまま長女とふたりきりの時間が始まりました。まもなく、ミルクをあげてもオムツを替えても泣きやんでくれない長女の泣き声に困り果てます。だんだんと泣き声に耐えられなくなってくると、サキさんを抱いているこの手を離せばすべてを終わらせることができるのに、とさえ思ってしまいます。「サキを抱く手を離したらもう終わるのに」ではなく、「これを落としたらもう終わるのに」という衝動にかられてしまったのですから、かなり追い詰められていたに違いありません。

ユウさんは、母親に自分の気もちをわかってもらえなかったことや、母親が自分の気もちを大事にしてくれなかったことに深く傷ついていました。このような傷つきは、母親であれば必ず子どもの気もちがわかるはずだ、必ず子どもを大切にできるはずだという思い込みと無関係ではないでしょう。したがってこの頃のユウさんは、赤ちゃんの泣き声から赤ちゃんの気もちをくみ取って適切に対応ができる完璧な母親像を思い描いていたようです。「よき親」像に縛られていた彼女は、止《や》むことのない長女の泣き声を聞くと、自分の母親としての頑張りの足りなさが責められているように感じたに違いありません。

「よき親」になるために厭《いと》わない自己抑制

初めての育児にとまどう一カ月は、後輩のお母さんに手助けをしてもらってなんとか無事に乗り越えることができました。その時期を経て、夫と長女との三人の暮らしがそれなりに落ち着きを見せ始めた頃、ユウさんは、憎くて大嫌いで許せない母親を長女に会わせるべきかどうかで悩みます。彼女の出した結論は、長女が多くの人に囲まれてすこやかに育っていくには、母方のおばあちゃんも必要なので、母親をサキさんに会わせるということでした。この結論を出すにあたり彼女は、自分の感情を押し殺し母親への思いは考えないようにして、長女の気もちを優先させました。

子どものために自分の気もちを抑えるというのは、まさに母親を反面教師にした選択でした。母親が、子どもの幸せよりも自分の幸せを優先し、「あの時はああするしかなかった」

と言い訳をすることが許せませんでした。絶対に母親のような子育てをしたくない、自分の子どもに再び同じ思いをさせてはならないと強く思っていました。いつも彼女は、自分がどうしたいのかではなく、子どもがどうしたいのか、子どものために何を優先しなければならないのかと考えるようになりました。その根底には、子どもの幸せよりも自分の幸せを優先した母親への強い反発心がありました。

夫と二人三脚の子育て

母親のような子育てをしないというのは、自分の気もちを抑えて子どもを最優先にすることを意味していました。そう願ってはいるものの、実際に実行できているのかと不安になりました。自分としては子どもを最優先にして判断したつもりであっても、それはあくまでも自分が決めたことであり、本当に子どものためになっているのだろうかと考え始めました。そこで彼女は、自分だけで判断せずに、信用しているつながりの深い人たちに相談し、さまざまな意見を聴いてから判断することを心がけました。つまり、自分の価値観だけで子育てをしないということです。

とりわけ、最も身近にいて信頼できる存在である夫のカズキさんとは、子育てに関してよく話をしています。夫に相談して意見を聴くことはもとより、子どもへのかかわり方では、ふたりして子どもを叱れば子どもに逃げ道がなくなるので、どちらかが子どもを叱ればもう一人はフォローに回るというように、親としての互いの役割分担を決めて対応しました。

ユウさんは、絶対に母親のような子育てをしたくないという思いから、「よき親」像をつくり出し、自分の感情を後回しにして「よき親」をめざして努力していました。そして何事も自分ひとりで判断するのではなく、夫と相談し、夫との間で役割分担を決めて、父親と母親のふたりがそろって力を合わせておこなう子育てを追い求めました。子どもをひとりの人間として尊重し、「優先順位はまず子ども」という子どもファーストの子育ては、子どもの人権を大切にする多くの人が理想とする子育てに違いありません。しかしユウさんの場合、それは、自分の母親のようになりたくないという母親に対する反発の裏返しでした。結局のところユウさんは、母親を反面教師とする「よき親」の像を掲げていたことになります。この頃のユウさんは、母親の子育てを批判的にとらえていたとはいえ、見方を変えれば、母親の子育てから導き出される親役割意識に縛られ、それを完璧に遂行することが親役割を果たすことであると考えていたと言えます。

（２）親役割のゆらぎと限界に気づく時期

親の責任に対するゆらぎ

子どもが思春期を迎える頃になると親子間のコミュニケーションにとまどいを覚える親が多くいるように、ユウさんも思春期を迎えた長女へのかかわり方に悩むようになりました。「優先順位はまず子ども」というモットーは変わりませんが、どこまでを自由にさせて、どこまでを保護すればよいのかという悩みが生じるようになりました。親に少し距離を置きたいと思い始める思春期の長女に、これまでと同じような接し方をすれば、親から縛られすぎているとうっとうしく感じるかもしれません。子どもには子どもの世界があるから、それを大切にしたいと思います。しかし同時に、すべてを子どもの判断に任せて何もかも許すことはできないと悩みはつきませんでした。

このような子どもに対する自由と保護のさじ加減について、夫のカズキさんと話をしていると、もし自分たちのさじ加減が間違った時に、その責任はどのようにとればよいのだろうか、そもそも責任をとることなどできるのだろうかという新たな悩みが起こってきます。自分だけで判断するのではなく、信頼できる人たちの意見を聴いて判断しても間違う可能性があると、わが子とのかかわりをとおして感じるようになりました。

わが子にとっての「よき親」

ユウさんは、時々、子どもたちに「ママといてよかった？　ママと一緒に生きてきてよかった？　ママと一緒にいて幸せ？」と尋ねます。そして子どもたちが「幸せ」と言ってくれるのを聞いて安堵します。それは、自分がよい親であるかどうかを決めるのは、わが子であると考えているからです。

かつて自分が暮らした施設に子どもを連れて遊びに行くと、施設の職員たちから「よい子に育てたね」と言ってもらえます。このように親としての努力を認められても、「親になるにはまだまだ、人間としてもまだまだ」であると思っていました。さらに、たとえ施設の職員からだけでなく世間の人からもよい親であると認められたとしても、わが子からよい親であると認められなければなんの意味もないというのが彼女の考えです。

それではユウさんは、これまで以上に「よき親」像を追い求めるようになったのでしょうか。答えは否です。この頃の彼女にとっての「よき親」とは、何かができる親というような親の「像」ではなくなりました。それは、わが子が「ママでよかった」「ママが頼りになる」と感じてくれる親になりました。

ユウさんは、母親への反発から思い描く「像」としての「よき親」を求めるのではなく、わが子とのかかわりのなかで「よき親」について考えるようになりました。「像」としての親役割を掲げている時は、自分の姿をその「像」に照らし合わせて、親役割がどこまで果たせているのかを簡単に評価できました。しかし常に変化するわが子とのかかわりの中で、その時々の「さじ加減」の難しさに直面します。そしてそれが合っているのかどうかは、その場で親が判断できるものではないことに気がつくと、親役割というものがとても悩ましいものになりました。親がいつも正しい判断をするとは限らないし、もし親が判断を誤ればその責任はどうやってとるのか、そもそも、責任をとることなどできるのだろうかと親役割にゆらぎが生じてきました。この頃のユウさんは、親ができることには限りがあるという現実をとおして、親役割のゆらぎと限界に気づくようになったと言えます

（３）親役割の緊張から解き放たれる時期

さまざまな親役割の担い方

サキさんと同い年の親友の娘さんが児童相談所に一時保護され、その後、施設で暮らすようになったことが、ユウさんの親役割意識に与えた影響ははかりしれません。親友が、このままでは「娘を殺して自分も死ぬかもしれない」と娘との関係に悩みに悩みぬいた末に彼女に相談した時、ユウさんは親友母娘《おやこ》の力になるために児童相談所に行くことを勧めました。そして親友の娘さんに対しても、母親と「いまは離れるのが一番だと思う」と、距離を置くことが最良の方法であると説明します。ユウさんの勧めで児童相談所がかかわることになり、親友の娘さんは、かつてのユウさんのように一時保護所から児童養護施設に行くことになりました。

ユウさんはあくまでも児童相談所に行くことを勧めただけであり、彼女の判断によって親子分離がなされたわけではありません。それでもユウさんは、自分がこの母娘を引き離したのではないか、自分のとった行動は正しかったのだろうかと悩みました。この答えは簡単に出せるものではありませんでした。しかし、なん度も親友と会って話をしているうちに、ユウさんは、「子どもの巣立ちを考えたら、心を鬼にして自分から子どもを離さなければならない時があるのかもしれない」と言葉にしました。子どもを自分の傍においで育てることだけが親役割を果たすということではなく、その時々の状況に応じて、子どもを手離すことも親の役割であると考えるようになったのです。

思春期真っただ中で友だち関係に悩んだり疲れたりしているわが子に対して、ユウさんは「ママは最初からあなたたちを護らないよ」と話しています。子どもを護ることだけが親役割ではなく、子どもを護りすぎないということも親役割であると考えるようになったからでしょう。

みずからの育て直し

ユウさんは、夜、階段をのぼってくる夫の足音を聞いて、継父のことが思い出されて不安になることがあります。そのような時、何の心配もなくすやすや眠っている子どもたちを見ていると、小学生の自分が出てきます。そして子どもたちを見ている小学生のユウさんが、なんて幸せな子たちなんだろうと思っています。小学生のユウさんは、サキさんとミズキさんを見て妬んでいるのではなく、その幸せを喜んでいるようです。また、サキさんとミズキさんが父親の顔色をうかがったり気兼ねをしたりすることなく、父親よりも先にご飯を食べ始めるのを見ると、いまのユウさんが、子どもたちを素直にうらやましいと思っています。

ユウさんはいま、サキさんやミズキさんに幼い頃の自分を重ね始めたのではないでしょうか。わが子の幸せを願ってふたりを大切に育てることで、幼い頃の自分を大切に育てているのかもしれません。彼女は、幼い頃の自分を育て直し始めたように思います。

完璧な親はいないというメッセージ

自分のせいで子どもたちにつらい思いをさせてはならないと思っていても、時としてユウさんは、必要以上に子どもたちを叱ってしまうことがあります。そのような時、不十分で至らない自分に落ち込み、猛反省をしながら、同じ過ちをくり返しそうになったら指摘してほしいとわが子に頼みます。親として不十分なところがあれば、子どもから教えてもらい変えていこうと思えるようになりました。

子どもたちにユウさんは、「この世の中にはたくさんの人がいて、悩んだり傷ついたり苦しんだりしている。サキやミズキもそのたくさんの中のひとりで、そのたくさんの人の中にはママもいる」と伝えたいと思っています。人はみな悩み傷つき苦しみながら生きていて、親である自分もそのひとりであるというのは、言い換えれば、完璧な親などどこにもいないというメッセージにもなっています。

母親が自分に何をしたのかということにこだわっていた頃のユウさんは、母親が長女にかかわる姿や自分が姪にかかわる姿を、母親が幼い頃の自分にかかわる姿に重ね、母親が自分に対して何をしたのかを想像しました。しかし、自分は母親に何をしてもらったのかということに思いを馳《は》せることはできませんでした。母親に対する見方は変わりましたが、幼い頃のユウさんは、あいかわらず傷ついたままでした。その後、ユウさんは、母親にかかわってもらっていた自分にも目を向けることができるようになり、娘たちに自分の幼い頃を重ねることができるようになりました。娘たちを愛おしむことをとおして幼い頃の自分の育て直しが始まりました。この頃のユウさんは、その時々の状況に応じて子どもと距離を置くことも親役割の担い方のひとつであり、親役割の担い方にはさまざまな形があるのだから、親は子どもと一緒に親として成長していけばよいと思えるようになりました。親役割の緊張から解き放たれるようになったと言えます。

3　親役割意識の移り変わりとともに変わる母親への思い

ユウさんの母親への思いは、「憧憬と憎悪の時期」「苦悶の時期」「主体的関与の時期」の三つに分けることができました。また母親になった彼女の親役割意識は、「『よき親』像に縛られている時期」、「親役割のゆらぎと限界に気づく時期」、「親役割の緊張から解き放たれる時期」の三つに分けることができました。ユウさんの母親への思いは、長女サキさんの成長に伴って変化しており、母親への思いの三つを区分する時期と、親役割意識の三つを区分する時期はほぼ重なっています。

ユウさんの母親への思いは、彼女がこれまでに経験してきたすべてのことから影響を受けてきたに違いありませんが、その中でもとくに、子育てをする母親としての彼女の経験が大きく影響を及ぼしたと考えられます。ここでは彼女の母親への思いの変化を、彼女と長女のかかわりの中で変化していった親役割意識の移り変わりをとおして読み解きたいと思います。

（1）母親を許すことができない硬直した関係——長女が思春期を迎える頃まで

ユウさんが、母親を反面教師としてみずからがつくり出した、あるべき「よき親」像に縛られていたのは、長女が思春期を迎える頃までです。この時期の彼女は、親というものは、「よき親」像に掲げられた親役割を完璧に遂行し、子育てに無限の責任を負うべきであると考えていました。

彼女は、自分に親役割を課すのと同様に、母親に対しても「よき親」像を基準にして無限の責任を負うことを求めました。すると、幼い頃のわずかな思い出の中の母親に対しては憧憬を抱くことができても、その後の忌まわしい記憶に結びつけられた母親に対しては激しい憎悪を抱くしかありませんでした。子どもの思いよりも自分の思いを優先する母親や、あの時はああするしかなかったと子どもに言い訳をする母親は、自分勝手で「よき親」像から遠くかけ離れています。さらに、子どもを施設に預けたままにしたという行為は、親としてあまりにも無責任で決して許せるものではありませんでした。子どもと暮らしをともにして衣食住のケアをおこなうという最も基本的な親役割すら果たせていないと思ったからです。

長女が思春期を迎える頃まで、ユウさんと母親は、母親を許すことができない硬直した関係にあったと言えます。

（２）母親を許すか否か悩み葛藤する関係――長女が思春期を迎える頃

ユウさんが、長女とのかかわりにとまどいや悩みを抱き、親役割を遂行することにゆらぎと限界を覚えるようになったのは、長女が思春期を迎える頃です。この時期の彼女は、子どもに代わって親がその人生を生きることはできないため、親が子どもにできることは限定的であり、親は子どもの人生のすべてに責任を負えるわけではないと考えるようになりました。

彼女は、これまでのように「よき親」像に描かれた親役割の基準だけで母親をとらえることができなくなります。母親を憎悪する際の根拠となっていた親役割の輪郭がゆらぎ始めたからです。すると、親役割を担っていない時の母親の姿が見えるようになりました。それは、祖母として孫のサキさんにかかわる小さな背中の母親であり、好きな人を慕い続ける母親です。親役割の基準に照らしてとらえたなら決して許すことのできない母親ですが、親役割から離れた母親の姿に出会えば、許してもよいのではないかという思いが芽生えます。しかしその思いは、忌《い》まわしい記憶によって、許してはならないとすぐに打ち消されます。母親に対する相反するふたつの思いの狭間で苦悶することになりました。

長女が思春期を迎える頃、ユウさんと母親は、母親を許すか否か悩み葛藤する関係にあったと言えます。

（3）母親との距離を自分で決めることができると思える柔軟な関係
――長女が思春期の出口にさしかかる頃

ユウさんが、親役割の担い方には、さまざまな形があると緩やかに考えられるようになったのは、長女が思春期の出口にさしかかる頃です。この時期の彼女は、親役割の担い方は、万人に共通するひとつの正しい方法としてあるのではなく、その時々の子どもとの関係の中で決まるものであると考えるようになりました。

彼女は、これまでのように親役割の内実を不問にしたまま「親がその役割を完璧に遂行するのか、しないのか」、「親はその役割を完璧に遂行できるのか、できないのか」というような単純な二者択一の議論に意味を見出せなくなりました。すると、自分を施設に預けたということだけで、親役割を放棄した許せない母親であると判断するのは早計であると思えてきました。もしかしたら母親は悩み抜いた末に、子どもの幸せを願って自分を施設に預けたのかもしれません。なぜ自分を施設に預けたのだろうかと母親の側から考えてこなかったことに気がつき、母親の思いをわかろうとしてこなかった自分を見つめるようになりました。

長女が思春期の出口にさしかかる頃、ユウさんと母親は、母親を許すか否かの二者択一の関係から、最愛の夫や娘たちとの関係の中で母親をとらえ、母親との距離を自分で決めることができると思える柔軟な関係になったと言えます。

ユウさんの親役割意識は、第一子であるサキさんの子育てをとおして、長女の成長とともに変化していきました。それは、ユウさんが母親に求める親役割を変化させることにもつながりました。ユウさんと母親の関係は、許すことができない硬直した関係から許すか否か悩み葛藤する関係へ、そして、母親との距離を自分で決めることができると思える柔軟な関係へと変化しました。親役割の担い方は、子どもとの関係の中で変化していくと思えた時、ユウさんは、これまでとは異なるステージで母親との関係を考えることができるようになったと言えます。

第２章

「その後に生きる者」の可能性
――ユウさんの語りの特徴をとおして

ＰＡＲＴⅠでは、ユウさんの言葉で、幼少期から現在に至るまでの経験を語ってもらいました。またＰＡＲＴⅡでは、インタビューへの応答という形で、お母さんとの関係について語ってもらいました。ここから見えてくるのは、児童期に受けた性的虐待というつらい体験を克服し、その後の人生を力強く生きている女性の姿ではありません。いまでもユウさんは、夜、カズキさんより先に二階の寝室で横になっている時に、あとから階段をのぼってくるカズキさんの足音に恐怖を感じることがあるそうです。彼女は、過去に受けた虐待経験に縛られつつも、周りの人と一緒に悩み苦しみながら、その時々の生き方を模索してきました。このような意味において、ユウさんは「その後に生きる者」（中井 1996）＊であると言えます。

ここでは、ユウさんの語りの特徴を明らかにすることをとおして、「その後に生きる者」に、どのような可能性が開かれているのかについて考えます。ただその前に、「語り」の世界について少し説明しておきたいと思います。

１　「語り」の世界

　ユウさんがみずからの経験を語るには、ユウさんに関心をもって話を受けとめる他者の存在が必要でした。ユウさんが一方的にみずからの経験を話すだけであれば、それは語りとは言えません。ユウさんの話を受けとめる相手がいなければ、ユウさんの話はひとり言に過ぎないのです。また、たとえ話す相手がいたとしても、その人が上の空で聞いているようでは、その話はひとり言と大差はないでしょう。

　「音や声などが自然に耳に入ってくること」が「聞く」であり、「積極的に耳を傾けること」が「聴く」であるとするならば、語りには、「語り手」と、語り手に関心をもって話を受けとめる「聴き手」が求められています。

　このように語りというのは、語り手から他者に向けられた一方通行のコミュニケーション

＊中井久夫（1996）『心的外傷と回復』みすず書房

ではなく、語り手と聴き手による双方向のコミュニケーションとして成り立っています。そのため、たとえばユウさんが経験した出来事は、いつ語られたのか、どのような立場で語られたのか、聴き手がどのように受けとめたのかなどによって異なるものとして立ち現れてきます。その出来事の内容は、語るたびに、時には微妙に、また時には大きく変化する可能性があります。

たとえば、ユウさんが経験したある出来事は、ユウさんがPARTⅠのように母親の立場で語る場合と、これから先、サキさんやミズキさんの子どもが生まれて祖母の立場になってから語る場合とでは、語りの内容は異なるでしょう。なぜならその時々の語りには、語り手のこれまでの経験が反映されるからです。語りは、「一度、語ればそれで終わり」とはなりません。ある出来事に関する語りは、語るたびに新たな意味が与えられるからです。

それではユウさんによってくり返される語り、つまり継続的な語り直しには、どのような特徴があるのでしょうか。以下では、ユウさんに大きな影響を与えることになった三人、すなわち夫のカズキさん、母親のケイさん、そして産まれることのなかったわが子（胎児）との間で起こった出来事に関するユウさんの語りをとりあげ、検討を加えることにします。

2　カズキさんとの間で起こった出来事
――その後の生き方が影響する継続的な語り直し

ユウさんは、十七歳の時、一歳年下のカズキさんと初めて出会いました。最初はカズキさんにまったく興味を覚えなかったユウさんでしたが、カズキさんを交えて仲のよい友だちどうしで集まって話をする機会が増えるにつれて、ふたりは急速に親しくなっていきました。カズキさんとの結婚を考えるに至った経緯について、ユウさんは次のように語っています。

> 自分の家で暮らしていれば、いくら付き合っていても、夜になれば「さよなら」と言ってそれぞれの家に帰ることになります。すると、そこから先は相手が何をしているかわかりません。ところが施設の中で付き合っていると、四六時中ずっと就寝の時間まで離れずに一緒に過ごすことができました。

カズキくんには、幼い頃に継父から受けた虐待の話もしました。わたしたちが親密な関係になる少し前、カズキくんと、わたしがとても可愛がっていた後輩の女の子と三人でいる時のことでした。女の子の方は、「聞いているわたしが泣いてごめんね」と言いながらボロボロ泣き始めました。カズキくんの方は、「そいつのことを忘れる必要なんかない。もしユウが忘れても俺がそいつのことを覚えといてやるから」と言ってくれました。わたしが継父を刺せば捕まるから、俺が代わりに殺してやる、というような勢いでした。その時わたしは、「この人しかいない。この人と結婚したい。これからもずっと一緒にいたい」と強く思いました。

ふたりは真剣な交際を続けていく中で性的な関係を持ち、ユウさんはカズキさんの子どもを宿すことになりました。ところがユウさんの妊娠がわかっても、カズキさんは「子どもを産んでほしい」とは言いませんでした。それどころか、施設の職員がカズキさんにこの間の事情を問うと、「一回やっただけの遊び」と答えました。

ユウさんからこの話を初めて聞いた時、正直なところ、カズキさんがユウさんと真剣に付き合っていたと信じることができませんでした。そして何よりも、なぜユウさんが、このような態度をとるカズキさんと、施設を退所したあとも付き合い続けて結婚したのかが不思議でなりませんでした。

「避妊のことは知っていましたが、カズキくんにはその必要はないって言いました。子どもができてもいいと思っていたからです」というユウさんの語りから、彼女がカズキさんとの関係を、どれほど大切に考えていたのかが想像できます。だからこそ、その思いを裏切ったかのようなカズキさんと復縁したユウさんの気もちを推しはかることは、とても難しいことでした。

ユウさんは別の機会に、この出来事を振り返って次のように語っています。

この一件では、「施設の名を汚した」とわたしが叱られるだろうと思っていました。でも叱られたのはカズキくんの方でした。カズキくんが「一回やっただけの遊び」みたいなことを言ったからです。カズキくんはそのことでものすごく叱られることになりました。ただこの時、カズキくんは、わたしを護《まも》るために、自分が怒られてもいいから「遊びだった」と言ったのだと思いました。これこそがカズキくんが選択した責任のとり方だと思ったのです。だから「遊びだった」と言われても傷つきませんでした。むしろ、カズキくんがつらい思いをしていることや、カズキくんにつらい思いをさせてしまったことにわたしは傷つきました。

この語りで、ようやくユウさんの気もちがわかったように思いました。「一回やっただけの遊び」という言葉が、ユウさんの中でどのように意味づけられているのかを理解できたからです。ユウさんは、「一回やっただけの遊び」という言葉を、カズキさんが自分を護るために言ったものであり、そのことをとおして自分に対する「責任」をとったのだと意味づけていました。

それではなぜユウさんは、「一回やっただけの遊び」という言葉をこのように意味づけることができたのでしょうか。仮にこの言葉を継父から受けた過去の虐待と結びつけていたなら、カズキさんの言葉をそのまま受けとり、「わたしは虐待で汚されてしまったから遊ばれた」と意味づけてしまったかもしれません。おそらくカズキさんが自分を護ってくれたというような意味づけはできなかったでしょう。

ユウさんは、施設の職員から、施設の名を汚したと叱られると思っていたのに叱られることなく護られたことや、担当の職員や心理の職員が真剣に自分と向き合ってくれたこととと、カズキさんの言葉を結びつけてとらえました。つまりユウさんは、過去の出来事が現在を規定しているととらえるのではなく、自分が置かれている時点での現在から過去の出来事をとらえて意味づけているのです。

現実は、さまざまな出来事が幾重にも折り重なって立ち現れています。そのため、時間の流れを「過去」「現在」「未来」と明確に区別し、それぞれを独立したものとして認識することは困難です。なぜなら、過去も現在も未来も、物質的な物のようにそれ自体で存在してはいないからです。たとえば過去について語ろうとすれば、わたしたちは、それを現在の視点から語らざるを得ないのです。未来についても同様のことが言えます。

過去の出来事をその時々の現在から意味づけるというユウさんの語りの特徴は、現在と照らし合わせながら過去を理解していることを表しています。そして現在は常に未来へと進行し続けているのですから、それに連動して、過去の出来事は絶えず編成し直され、読み替えられます。

3　母親との間で起こった出来事——行き詰まりに陥らない継続的な語り直し

継父と暮らすようになってまもなく性的虐待が始まりました。母親を護るために継父による虐待行為を我慢していたユウさんでしたが、とうとう耐えきれなくなり、母親に対して決断を迫りました。その時の出来事を次のように語っています。

しばらくは我慢を続けました。でもとうとう我慢できなくなり、小学四年生の時、お母さんに「ユウの命を選ぶのか、それとも、お母さんがそのまま幸せになるのか、どっちかを選んでほしい」と迫りました。もしお母さんが継父の方を選ぶのであれば、わたしは生きるのをやめようと真剣に考えていました。

幸いにもお母さんは、わたしの命を守る方を選んでくれました。わたしたちを連れて身ひとつで夜逃げ同然に、継父のもとから逃げてくれました。

継父からは、ユウさんへの虐待だけでなく、母親への暴力も頻繁《ひんぱん》におこなわれていました。したがって母親に決断を迫った背景には、継父による虐待から逃れたいという気もちだけでなく、母親を継父の暴力から救いたいという思いが込められていました。ところが、ユウさんが中学一年生の終わり頃に事態は急変しました。お母さんから、「あの時、ユウが逃げたいと言わなかったら、お母さんは幸せだったんだよ」と言われたからです。

この言葉をきっかけにして、憎しみの矛先《ほこさき》が継父から母親に向かうことになり、ユウさんの母親に対する暴力は日増しにエスカレートしていきました。やがて暴力が原因で、ユウさんは、母親によって児童相談所に連れて行かれて、その後、情緒障害児短期治療施設（現児童心理治療施設）に入所することになりました。

ただこの時点でもユウさんは、まだ母親のもとに戻ることができると思っていたし、それを望んでもいました。ところが高校に進学する時にも自宅に戻ることが叶《かな》わず、情緒障害児短期治療施設を出て児童養護施設で暮らすことになりました。そのためユウさんは、母親が自分を捨てたと理解するようになり、母親への憎悪《ぞうお》はさらに大きくなっていきました。

しかし、憎くて許せない存在でしかなかった母親が、長女のサキさんを出産する時に病院にやってきて、陣痛で苦しんでいたユウさんの体をさすってくれました。またユウさんと母親との関係をすべて了解していた産科医師のはからいで、生まれたばかりのサキさんはユウさんよりも先に母親の腕に抱かれました。どちらもユウさんの意思に反することでしたが、この一連の出来事を振り返って次のように語っています。

その時のわたしは、とにかく長女のサキが無事に生まれたことにすごく感動して泣いていました。だから、「二番めだよ」とか、「親子だねぇ、お母さんも赤ちゃんを抱っこする前から泣いていたよ」とか言われても何も思わなくて……。むしろ嬉しかったんだと思います。お母さんがサキを一番先に抱いてくれたことが、多分、素直に嬉しかったんだと思います。

同時にユウさんは、インタビューで次のようにも語っています。

でもまだわたしの中にはふたりの自分がいます。（略）お母さんに抱きしめられたい、抱っこしてほしいと思う一方で、「いや、憎いはずだろう」と、もうひとりの自分がフワッと出てきます。

これらふたつの語りから、ユウさんには、お母さんに対して矛盾する気もちを抱いていることが読みとれます。まさに「わたしの中にふたりの自分がいる」という状況です。一方のユウさんは、長女を出産する時に母親が病院に来てくれて、産まれたばかりのサキさんを腕に抱いて泣いてくれたことを嬉しいと思う。他方のユウさんは、母親が「あの時、ユウが逃げたいと言わなかったら、お母さんは幸せだったんだよ」ということを許すわけにはいかないと思う。

このようにユウさんの中には、誰よりも先に泣きながらサキさんを抱いた出来事から生じる肯定的な母親像と、ユウさんによって自分の幸せを奪われたと言った出来事から生じる否定的な母親像が、同時に存在するようになりました。「肯定的な母親像であるにもかかわらず否定的な母親像である」、あるいは「否定的な母親像であるにもかかわらず肯定的な母親像である」というように、両者を無理につなげようとはしていません。つまりユウさんは、異なるふたつの出来事から、相反する意味づけがなされたふたつの母親像を併存させているのです。

人間は、様々な側面が組み合わさった多面的な存在です。そのため、どの側面からとらえてもズレがなく、すべての側面の整合性が保たれている状態でいることは困難です。なぜなら、さまざまな側面はそれぞれ異なっており、時には異なる側面どうしで互いに矛盾をきたす場合もあるからです。たとえば肯定的な側面にこだわって整合性を保とうとすれば、わたしたちは、それとは異なる否定的な側面を排除せざるを得なくなります。否定的な側面にこだわって整合性を保とうとしても、同じことが生じます。

異なる出来事から、正反対の意味づけがなされた異なる出来事を併存させるというユウさんの語りの特徴は、どちらか一方に決めることのできない「宙づり」状態に身をおいていることを表しています。このようなすっきりしない状況は、人にストレスを与えるものです。しかし同時に、割り切ることができないため、行き詰まることなく、くり返してなん度も考えることになります。

4　胎児との間で起こった出来事——主体的な書き換えによる継続的な語り直し

ユウさんは、カズキさんと交際を続けていく中で、避妊をせずに性的な関係を持ち、カズキさんとの間に子どもを宿しました。結婚を視野に入れて付き合っていたので、「子どもができてもいい」と思っていたのですが、実際に妊娠したことがわかると、心は大きくゆれ動きました。「縄跳びなどをしていたので、最初は産む気がなかったのかもしれません」と語っています。つわりが酷《ひど》くなってきたユウさんは、まず、施設の保健師さんに妊娠のことを告げて相談しました。そして保健師さんに促され、次に施設長に話をしました。ユウさんは、この時の出来事を次のように語っています。

先生（＝施設長）からは、絶対に「子どもを堕《お》ろせ」と言われるだろうと思っていました。だから妊娠したことを話したあとで、先生から「産みたいのか産みたくないのか」って聞かれた時に、すぐさま「堕ろします」と返事をしました。すると先生から「簡単に堕ろすと言うな」と言われ、「あれっ？」って思いました。不意打ちを食らったような感じでした。

一方、保健師さんに付き添ってもらって訪れた産科の病院では、医師から、「年齢的にもいまの状況では産めないでしょ」と「あっさりと」言われてしまいます。テレビなどでよく目にする、妊娠を祝福するような場面を想像していたユウさんにしてみれば、このような対応も「不意打ちを食らったような感じ」であったに違いありません。

妊娠をめぐる周りの人たちの反応はこのようなものでしたが、「簡単に堕ろすと言うな」という言葉をきっかけにして、ユウさんは「生命《いのち》」について考えるようになりました。この一連の出来事を振り返って次のように語っています。

保健師さんだけでなく心理の職員さんや、わたしの担当職員さんともいろいろと話をしているうちに、わたしの中に「産みたい」という気もちが芽生えていました。一方で、カズキくんに迷惑をかけたくないし重荷になりたくないという思いもありました。

どうすればよいのかとあれこれ悩んでいるうちに、はしかに罹《かか》ってしまいました。この時期にはしかに罹るとお腹の中の子どももはしかに罹っているから、障害をもって生まれてくることになるという話を聞きました。いまの自分の状況で、障害のある子どもを育てていけるのかと考えると、やっぱり育てていけないという結論になりました。悩みに悩んだ末に、結局、中絶手術を受けることを決めました。

（手術が終わったあと）考えることと言えば、「自分で自分の子どもを殺してしまった」ということだけです。そのことを誰も責めてくれないし、罰してもくれません。それがすごく苦しかったです。

周りの人から、「はしかに罹ったんだからあの時は仕方がなかったんだよ」と言われても、わたしが自分の子どもに、「あの時はああするしか仕方がなかった」と言ってはいけないと思いました。本来なら自分の子どもを殺したら罰せられるのに、胎児だからという理由でわたしは罰せられませんでした。だからこそわたしは、このことを忘れてはならないし、自分を許してはならないと思いました。

もしユウさんが、中絶に至った理由を、「カズキくんに迷惑をかけたくないし重荷になりたくない」ことや、医師から言われた「年齢的にもいまの状況では産めない」ことにすれば、中絶は「仕方がなかった」ことと意味づけられるでしょう。また「簡単に堕ろすと言うな」という施設長の言葉を受けて考えるようになった「生命」の重さからすれば、中絶は許されないことと意味づけされるでしょう。しかしユウさんは、中絶に至った理由を、はしかの影響で障害のある子どもが生まれた場合、いまの自分の状況では育てていくことができないと自分が判断した結果であるとしました。そして彼女は、中絶を、みずからの判断による、「忘れてはならない」ことと意味づけました。

　ユウさんは、中絶というひとつの出来事をめぐっていろいろな人の立場から導かれる、異なった意味づけのどれかに依拠するのではなく、自分の立場から意味づけています。出来事は、立場の違いによってさまざまに意味づけができます。そのため、自分とは異なる立場から、自分にとって都合のよい意味づけ、あるいは自分にとって不都合な意味づけがなされるかもしれません。しかしいずれにしても、自分以外の他の人の立場から意味づけると、その出来事は、その人の立場から制約を受けてしまうため、みずからが別の筋書きへと書き換えることは困難になります。それに対して自分の立場から意味づけると、多面的な存在である自分の複数の側面のそれぞれをひとつの立場として、その数だけの筋書きが生じる可能性があります。

　ひとつの出来事をめぐって複数の立場から導かれる、異なった意味づけのどれかに依拠するのではなく、自分の立場から意味づけるというユウさんの語りの特徴は、語りに対して主体的に関与していることを表しています。そして人間は多面体である以上、自分の多面性に依拠した主体的な語りは、筋書きの多様な書き換えを可能にします。

ユウさんの語りの特徴は三つありました。それらは、①「過去の出来事をその時々の現在から意味づける」②「正反対の意味づけがなされた異なる出来事を併存させる」③「ひとつの出来事をめぐって複数の立場から導かれる、異なった意味づけのどれかに依拠するのではなく、自分の立場から意味づける」です。そしてこのような特徴から、ユウさんが、その後の生き方に影響を受けながら、行き詰まりに陥ることなく、主体的に筋書きを書き換えつつ、これからも語り直し続けていく可能性が導かれました。つまり「その後を生きる者」としてのユウさんの前には、語り直しの可能性が開かれていると言えます。

おわりに

「はじめに」で述べたように、この本は、「性的虐待や性暴力の被害経験のある当事者、また家族、友人、支援者などのさまざまな立場で当事者とともに歩んでおられる方」を読者に想定して書き進めてきました。「自分の経験が誰かの励みになるかもしれない」というユウさんの思いが読者の方々に届くよう執筆したつもりです。もしそれが実現していないとすれば、その責は、すべてわたしたちが負うものと考えています。

ユウさんに出会う前、妊婦健診を受けないで出産した妊産婦に関する調査をおこなっていました。調査では未婚の若年妊産婦もいたことから、十代で思いがけない妊娠をした女性から直接、お話をうかがいたいと思っていました。このような希望を叶《かな》えてくださったのが、かつてユウさんが暮らしていた児童養護施設の施設長さんです。ユウさんは、性的虐待の被害者であるというよりも、十代で妊娠を経験した人として紹介されました。

初めてユウさんに出会った二〇一四年十一月十六日、施設長さんが運転する車でユウさんの自宅を訪ねました。高速道路の走行も含めたおよそ二時間半の道中で、施設長さんが、いきなりお弁当屋さんの前で車を停め、ユウさんのご家族やわたしたちのお弁当を購入されたことが印象に残っています。

その日のインタビューには、ユウさんとインタビュアーのわたしたちふたりに加えて、施設長さんも同席されました。施設長さんが同席されたのは、この最初のインタビューだけです。

午前中のインタビューを終え、四人で世間話をしながらお弁当を食べました。食後のひとときを過ごしたあと、ユウさんに日をあらためておうかがいしたいとお願いし、おいとまることにしました。施設長さんは昼食後にインタビューが再開されるだろうと思っておられたようで、「これでだけいいんですか」と驚いておられましたが、最初のインタビューは午前中の一時間半のみでした。

実際のところ、インタビューは十分ではありませんでした。まだまだお聞きしたいことはたくさんありました。しかし、ユウさんが語ってくださった話の深さと重さに圧倒され、それ以上、聞き続けることができなかったのです。それ以降のインタビューも同様で、毎回、一時間半から二時間が限度でした。

インタビューを終えるといつも、なぜこのような話を率直な語り口で聞かせてもらえるのか、ということについて考えました。恩義のある施設長さんの紹介だから、という理由もあるでしょう。しかしそれだけではなく、「自分の経験が誰かの励みになるかもしれない」という思いを、ユウさんが託してくださったからに違いありません。そのことに思いが至ると、毎回、リラックスしながらも身を引き締めてインタビューに臨みました。

ユウさんの憎悪《ぞうお》の対象は継父から母親に移り、その憎悪は質を変えながらも現在まで続いています。ＰＡＴＲⅢでも述べているように、母親に対するユウさんの憎悪の深さは、かえってユウさんが母親からの深い愛を感受していることを示しているように思います。なぜなら、虐待によって傷つけられた心身の回復には途方もない負のエネルギーの放出と、それを受けとめてくれる人が必要であり、ユウさんは、その受けとめ手として母親を選んだからです。

同様に、ユウさんに対する母親の深い愛も感じます。精神病を患っている母親の中では、継父から虐待を受けたのが、ユウさんではなくお姉さんのアイさんだけになっているからです。周りからの反対を押し切ってユウさんを産んだ母親は、大切なユウさんが虐待にあったという事実を認めたくないため、虐待を「なかったこと」にしているように思えるのです。

この本では、ユウさんの語りの特徴から、虐待の被害者が、「語り直し」をとおして、「その後に生きる者」として自分の人生を歩むことができる可能性を示しました。しかしだからと言って、「語り直し」をするだけで虐待の被害者が、容易にその後を生きることができると思っているわけではありません。子どもへの性的虐待や性暴力は、その人の「からだ」と「こころ」だけでなく「たましい」にはかり知れないダメージを与えるからです。

ユウさんをはじめとして「その後に生きる者」にとって、現代の日本が暮らしやすい社会になっているとは言い難い状況です。親のもとを離れて児童養護施設や里親宅などで暮らしているということが、まだまだ特別視される傾向にあります。子どもは産みの親の庇護《ひご》のもとで護《まも》り育てられるべきであるという考え方が、社会全体を縛っているからでしょう。このような考え方があたりまえになっている社会では、親と一緒に暮らせなかった子どもは、産みの親のもとで育てられなかったことを卑下したり、自分を育ててくれなかった親を否定的に受けとめたりするかもしれません。

子どもの育ちを社会で支えるためには、多様な人たちのかかわりをとおして子どもが育つ社会を築く必要があります。そのような社会であれば、産みの親だけに、ことさら子育ての責任を押しつけることはないでしょう。それぞれの親は、自分が担える範囲で子育てに参加すればよいのです。たとえばユウさんの母親やユウさんの親友は、わが子を施設に預けるという形で子育てに参加しました。さらに言えば、子どもを産んだだけで子育てに参加しなかった母親であったとしても、子どもに生命《いのち》を与えるという役割を担いました。社会がその生命のバトンを受けとり、子どもの育ちをつないでいけばよいのではないでしょうか。

この本が、「性的虐待や性暴力の被害経験のある当事者、また家族、友人、支援者などのさまざまな立場で当事者とともに歩んでおられる方々」にとって、少しでも励みになるなら、これ以上の喜びはありません。

謝辞

論文やこの本の執筆過程で、ユウさんには何度も原稿の確認作業を頼みました。そのたびに快く引き受けてくださいましたが、それがどれほどのご負担であったことか……。想像するだけで心が痛みます。ユウさんに感謝の気持ちを述べたいと思います。

インタビューはすべてユウさんのご自宅でおこないました。ユウさんだけでなくご家族の協力があってこそインタビュー調査が可能となりました。ユウさん、ユウさんのご家族のみなさま、またユウさんの語りを世に送り出すにあたり、明日に向かって歩み続けるユウさんを描いてくださったイラストレーターのMIDORIさん、そしてたくさんのお力をお貸しくださった生活書院の高橋淳さんに、あらためて心より深く感謝申しあげます。

井上寿美・笹倉千佳弘

［関連する初出原稿］

JSPS 科研費 25380819 および JP16K04233 の助成を受けた研究の一部として発表した、次の論文をもとに執筆しました。原稿は大きく改編しております。

井上寿美・笹倉千佳弘（2017）「児童期に性的虐待を受けた女性サバイバーの自己回復に関するライフストーリー（1）―非加害親である母親以外の人との関係を中心にして―」『大阪大谷大学教育学部幼児教育実践研究センター紀要』7, 17-41.

井上寿美・笹倉千佳弘（2017）「児童期に性的虐待を受けた女性サバイバーの語りに見る自己回復力―『出来事』を『筋立てる行為』に注目して―」『大阪大谷大学教育研究』43, 1-11.

井上寿美・笹倉千佳弘（2021）「性的虐待を受けた女性サバイバーと非加害親である母との関係―母親への思いと子育て観の変化をとおして―」『大阪大谷大学教育学部幼児教育実践研究センター紀要』11, 1-19.

本書のテキストデータを提供いたします

本書をご購入いただいた方のうち、視覚障害、肢体不自由などの理由で書字へのアクセスが困難な方に本書のテキストデータを提供いたします。希望される方は、以下の方法にしたがってお申し込みください。

◎データの提供形式＝CD-R、フロッピーディスク、メールによるファイル添付(メールアドレスをお知らせください)。

◎データの提供形式・お名前・ご住所を明記した用紙、返信用封筒、下の引換券(コピー不可)および200円切手(メールによるファイル添付をご希望の場合不要)を同封のうえ弊社までお送りください。

●本書内容の複製は点訳・音訳データなど視覚障害の方のための利用に限り認めます。内容の改変や流用、転載、その他営利を目的とした利用はお断りします。

◎あて先
〒160-0008
東京都新宿区四谷三栄町6-5 木原ビル303
生活書院編集部　テキストデータ係

【引換券】
自分で自分を
不幸にしない

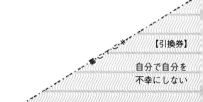

[著者紹介]

井上　寿美（いのうえ　ひさみ）

関西大学大学院文学研究科修了後、保健所の心理相談員等を経験する。その後、関西福祉大学社会福祉学部、同大学発達教育学部の勤務を経て、現在、大阪大谷大学教育学部教育学科教授。2012 年～ 2015 年の 4 年間、兵庫県川西市子どもの人権オンブズパーソンを務める。

主な著書に、『子どもを育てない親、親が育てない子ども－妊婦健診を受けなかった母親と子どもへの支援』(生活書院)、『虐待ゼロのまちの地域養護活動－施設で暮らす子どもの「子育ての社会化」と旧沢内村』(生活書院)、『〈わかちあい〉の共育学』（「基礎編」「応用編」ともに明石書店）ほか。

笹倉　千佳弘（ささくら　ちかひろ）

同志社大学文学部卒業後、公立高等学校に 10 年間勤務した後、関西大学大学院文学研究科に入学。同大学院修了後、夙川学院短期大学、就実短期大学の勤務を経て、現在、滋賀短期大学生活学科教授。

主な著書に、『子どもを育てない親、親が育てない子ども－妊婦健診を受けなかった母親と子どもへの支援』(生活書院)、『虐待ゼロのまちの地域養護活動－施設で暮らす子どもの「子育ての社会化」と旧沢内村』(生活書院)、『〈わかちあい〉の共育学』（「基礎編」「応用編」ともに明石書店）ほか。

自分で自分を不幸にしない
――「性的虐待」を受けた女性の語りから

発　行――― 2023年5月5日　初版第1刷発行
著　者――― 井上寿美・笹倉千佳弘
発行者――― 髙橋　淳
発行所――― 株式会社　生活書院
〒160-0008
東京都新宿区四谷三栄町6-5 木原ビル303
ＴＥＬ 03-3226-1203
ＦＡＸ 03-3226-1204
振替 00170-0-649766
http://www.seikatsushoin.com
印刷・製本―― 株式会社シナノ

Printed in Japan

ISBN 978-4-86500-153-2

定価はカバーに表示してあります。
乱丁・落丁本はお取り替えいたします。